ASAHI SENSHO
朝日選書
762

# 中学生からの作文技術

本多勝一



朝日新聞社

目次

**〔おことわり〕** この『中学生からの作文技術』は、つぎのような経過ののちに書いています。

①一九七四年に東京・新宿の「朝日カルチャーセンター」で『日本語の作文技術』を毎週二カ月間講義。

②その草稿に加筆して、月刊誌『言語』(大修館書店)に一九七五年から七六年にかけて連載。

③それを単行本『日本語の作文技術』(朝日新聞社)として一九七六年に刊行。

④一九七九年、横浜の「朝日カルチャーセンター」で、とりわけ語順と読点について集中的に四回講義。

⑤一九八一年、右の講義を『わかりやすい文章のために』として月刊誌『記録』に八回連載。

⑥同年末、右を同名の単行本として刊行(すずさわ書店)。

⑦もとの単行本『日本語の作文技術』にさらに右の本の一部成果も加えた改訂版として文庫版『日本語の作文技術』(朝日文庫)を刊行(一九八二年)。

⑧一九九四年、右の⑥のほか日本語問題にかかわるその後の諸論文を収録した『実戦・日本語の作文技術』(朝日文庫)を刊行。

⑨一九九六年、本多勝一集(朝日新聞社)の第19巻として『日本語の作文技術』を刊行。これには⑦を土台にして⑧を解体・分配したほか、『週刊金曜日』に三回連載した「文章はリクツである」も解体・分配して全体を統一した。

そして本書『中学生からの作文技術』は、この⑨を中学生向けに骨格だけ再編したものですから、内容的には特に新しい部分があるわけではありません。

# 中学生からの作文技術

本多勝一

# はじめに
# 「作文」とはなにか

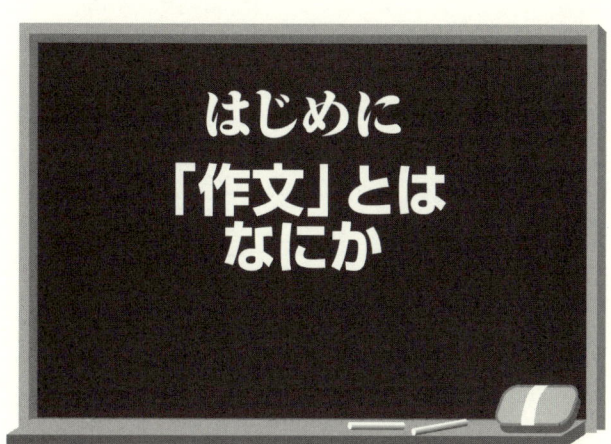

最初に、「作文」とはなにかということを考えてみます。

中学生のみなさんは、小学生のときから学校で作文を書いた（または書かされた）でしょう。たいていは「国語」の時間のはずですが、そんなとき先生から作文の方法についてどんなことを教えられましたか。

私自身のことから言いますと、小学一年生になった昭和一三年（一九三八年）の四月、六歳のときでした。信州（長野県）伊那谷《いなだに》のほぼ中央に位置する大島村です。まずカタカナの字を学び、それで文らしきものをつづるようになるのは秋になってからです。

そのころは「作文」ではなく「つづりかた」（綴り方）と言いました。父が保存しておいてくれたそのつづりかたの中から、たぶん一番最初と思われる実物をお見せします。

一年生は三組あって、私の「楓組《かえでぐみ》」は秋田寅二郎という三八歳の先生です。いつもニコニコしていて、紙芝居が上手でした。秋田先生は下のようなマス目の綴方用紙をつくってガリ版で印刷し、自由に書かせたのです。名前を書き忘れたらしく、先生の字で書かれています。読点や濁点がなかったり生活語（方言）*もまじる上に、このころは旧カナづかいですから、みなさんにはほとんど意味不明かと思われますが、漢字も入れて直すと次のとおりです。

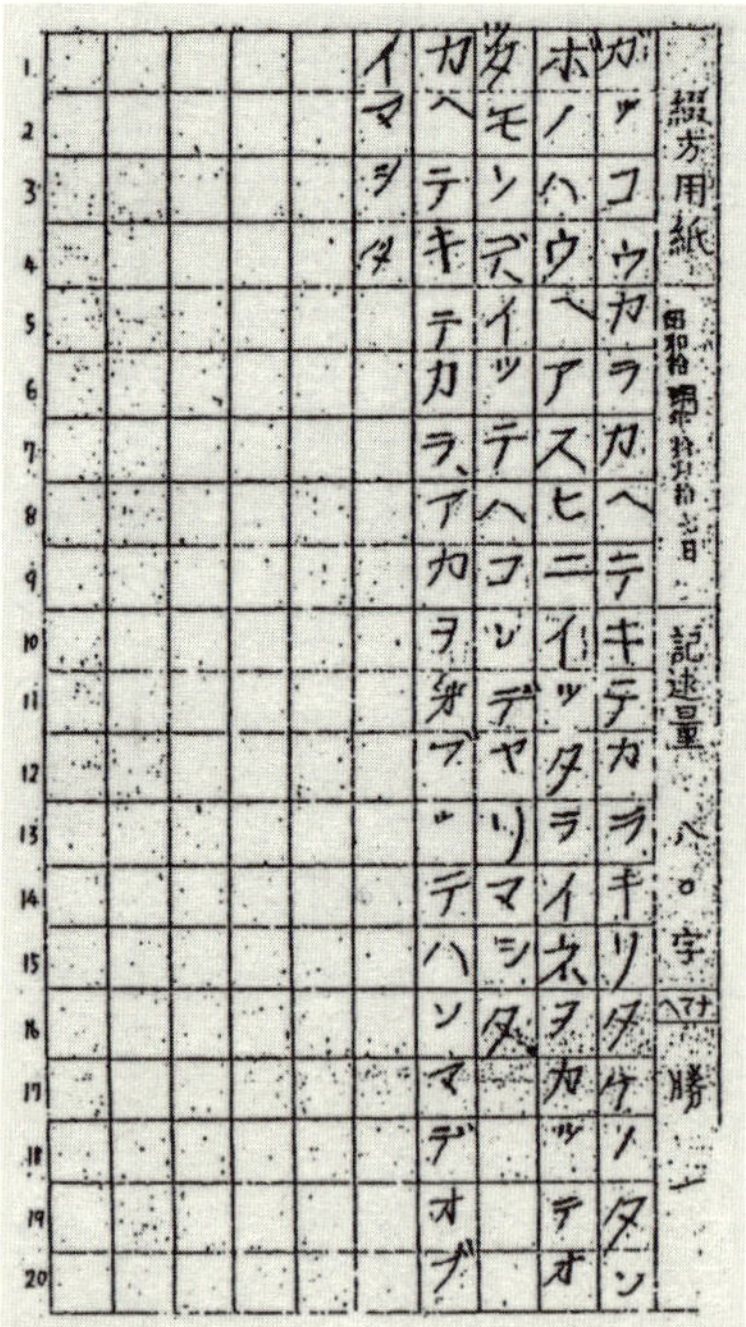

小学一年のとき初めて書いた作文

学校から帰ってきてから、喜利竹（屋号）の田んぼの方へ遊びに行ったら、稲を刈っておったもんで行って運んでやりました。

帰ってきてからアカ（赤ちゃん）をおぶって、晩までおぶいました。

二年生になるとヒラカナを学び、漢字も少しずつふえてゆきます。三年、四年とすすむにつれて文章も長くなる。六年の三学期には、四〇〇字の原稿用紙にすれば一篇で八枚余の文章もありました。

では、この六年間の小学校時代に、作文の時間に何を教えられたでしょうか。字を覚えるのは作文ではありませんから、問題は「文」を「作る」ための指導があったかどうかです。

じつに驚くべきことに、そんな指導はまったくありませんでした。では先生は何をしていたかといえば、誤字を直したりのほかは、文末に感想をしるすていどです。「よく書けました」とか「〇〇のところはもっとくわしく書くとよい」とか。評価としてマルの数（二重マル、三重マルなど）が冒頭に描かれます。

ということは、子どもは好き勝手に文章を書いているだけであって、読点や句点のうちかたとか、改行のしかたとか、そんなことは一度たりとも習いませんでした。それでも六年生の最後の作文では、改行のあと一字下げることを実行していますが、これも先生に教えられたのではないと断言できます。*読書などするうちに気づいたのでしょう。

さて、問題は中学生です。私たちの場合は旧制中学でしたから、五年生まであります。で、もちろん「国語」もある。しかしその授業は古文解読や文法（文語・口語）・漢文・文学作品鑑賞についやされ、作文技術の時間は全くありませんでした。夏休みに宿題として出ることはあっても、むろん技術的指導はなく、単に書いただけ。途中から新制高校になりましたが、情況は少しも変わりません。

そして大学は理科系でしたから、もう「国語」とも無関係になりました。（ここまで私は「国語」

という言葉をカギカッコつきで使っています。なぜかというと、正しくは日本語とすべきだからです。*）

ここで言葉の専門家たる言語学者・井上和子氏の一文をご紹介しておきましょう。

「われわれの小学校・中等学校時代の作文は、誤字の訂正と、一重丸二重丸などによる評価の印だけをつけて返されたものである。文の組み立て、パラグラフの作り方、論旨のまとめ方についての批評や、指示はほとんどなかった。作文の題は、事物の客観的な描写や、論理的表現を求めるものはほとんどなく、主観的な表現で足りるものが多かった。書きことばによる表現力の指導について、現在ことばの専門家よりも理科系の専門家から、種々の提案が出はじめているようである。客観的に的確な表現力を必要とする学問分野からの当然の要請として積極的に受けとめるべきであろう」（「ことばのしつけ」『言語』一九八〇年七月号）

ここで井上氏が「ことばの専門家よりも理科系の専門家から、種々の提案が出はじめているようである」と述べている点は、私の場合にもそっくり当てはまります。小学校から大学まで一度も文章技術の類を習わなかったなかで、大学生のときに特殊なかたちで教えられたことがあるのです。それは日本語だの外国語だのといった授業ではなくて、クラブ活動に関連してでした。

どういうことかと申しますと、私たちが創設した「探検部」（京都大学）には顧問になっていただいた先生が五、六人いたわけですが、その一人に梅棹《うめさお》忠夫氏（のちの国立民族学博物館館長）がいました。梅棹氏は探検歴の豊富な方ですし、大学のすぐ近くに家もあったものですから、私たちはよくお宅を訪ねて、時には夜明けまで議論したり雑談したりしていたものです。その雑多な話題のなかに、文章技術だのローマ字論だの日本語論だのがありました。梅棹氏の当時の著書『モゴール族探検記』（岩波新書）自体が、じつに明快で個性的な文体の日本語です。したがって私の『日本語の作文技術』の中には、もとをたぐればそのころの梅棹サロンに行きつくものがかなりあるかもしれません。

小学二年のときの「綴方學習帳」

それにしても、考えてみれば当時の梅棹氏は私のいた大学の先生ではなく、大阪市立大学の助教授でした。私たちにとっては、あくまでクラブ活動での顧問ですから、大学で教えられたことにはなりません。となりますと、やはり私は「小学校から大学まで」一貫して「作文技術」は教えられなかったことになります。

こう見てきますと、むしろ本当の作文技

術を教えているのは、日本語教育の分野では反主流か非主流の人たちだともいえるようです。そういえばこの梅棹氏にせよ、作文技術も含めた文芸教育に永年とりくんできた西郷竹彦氏＊にせよ、いわば〝正統派〟たる「国語学」畑の出自ではなく、井上和子氏がいうように理科系出身ですね。

私の世代や井上氏の世代は以上のような実状でした。ではその後の世代はどうでしょうか。

私の子どもはいま（二〇〇四年現在）四三歳を頭に三三歳まで三人ですが、かれらの世代も似たようなもの、テンの打ち方はもちろん「文の組み立て、パラグラフの作り方……」（井上氏）などは全く学習する時間がありませんでした。さらに長男の子ども、つまり私の孫はいま中学一年生ですが、驚くべきことに情況は似たようなものなのです。

ここで「驚くべきこと」と再記したのには理由があります。テンの打ち方さえ教えられない小学生に、一部で「英語」（アングル語＊＊）を教えようという動きがあるからです。私たちは旧制中学で「英語」を、新制高校ではドイツ語かフランス語のどちらかを選択して習いましたが、いずれもテン（コンマ）やマル（終止符）の打ち方を初期に教えられました。これは今も同様でしょうから、となりますと日本の小学生は、日本語のテンの打ち方も習わずに「英語」ではそれを教えられるという、じつに植民地的教育情況になるわけです。驚かざるをえないではありませんか。

ついでに言えば、いまの小学校では「国語」の時間に読書感想文を書かせるところが多いようです。これはしかし作文というよりも理解力のテストみたいなもので、しかも読書も嫌いになる可能性があります。無理やり読まされるばかりか、書きたい欲求もないのに書かされるわけですから。やはり作文は、書きたいと当人が思うものを自由に書くべきでしょう。そのための初歩的技術こそが、小学高学年から中学低学年くらいまでの年齢に教えられるべき基礎ではないでしょうか。

具体的な内容にはいる前に、なぜ作文の「技術」なのかについて説明しておきます。

これから述べるさまざまな技術は、何のための技術かといえば、目的はただひとつ、**読む側にとってわかりやすい文章を書くこと**、これだけです。したがってここで扱うのは実用的な文章であって、芸術的な、たとえば詩歌や小説などを対象とするものではありません。芸術には才能を必要とするかもしれませんが、技術なら学習と伝達が可能です。たとえば飛行機を製造する方法は、発明したのはたまたまアメリカ人ですが、学習すればフランス人でもタンザニア人でも中国人でも作れる。同様に「わかりやすい文章」も、技術である以上だれにも学習可能なはずです。

だれにも学習可能な「技術」としての日本語作文を考えるに際して、よく誤解されている作文論があることを注意しておきます。たとえば「話すように書けばよい」という考え方。だれだって話しているじゃないか。たいていの人は頭の中でいったん作文してから口に出すのではない。いきなり話している。それならば書くのだって同じだ。話すように書けば書ける。「作文」ということで緊張し、硬くなるから書けないのだ……と。

しかしこの考え方は全く誤っています。話すということと作文とでは、頭の中で使われる脳ミソの部分が別だというくらいに考えておく方がよいでしょう。文章は決して「話すように書く」わけにはゆきません。話すときの情況を考えてみましょう。多くの場合、話す相手がいますから、その表情・反応を見ながら、こちらも身ぶりなどの補助手段で話をわかりやすくすることができます。したがっていわゆる文法的にはかなりいいかげんにしたり省略して話しても、必ずしも「わかりにくい」ということにはなりません。

さらに、相手がいない場合とか一方的に話すときでも、たとえばラジオやテレビで考えてみると、語り方の抑揚とか言葉の区切り・息つぎ・高低アクセント・イントネーションその他の手段によって、そのままわかりやすいかたちで耳にはいるようになっています。もし完全に「話すように書く」ことを実行したらどうなるか。実例を見ましょう。

おはよおございますあれるすかなおはよおございますどおもるすらしいなはいどなたですかあどおもおはよおございますしつれえしますじつわはあじつわわたしこおゆうものなんですが

これは保険外交員のような立場の人がセールスに訪問したときの対話のはじまりです。いわゆる「共通語」でもこんなにわかりにくいけれど、実際に話しているときはわかりやすいはずです。これを書いてもわかりやすくするためには、さまざまな「技術」を使うことになります。すなわち——


「おはようございます」

(あれ、留守かな?)

「おはようございます」

(どうも留守らしいな)

「はい。どなたですか」

「あ、どうも。おはようございます。失礼します。実は……」

「はあ?」

「実は私こういうものなんですが……」


これならわかりやすいでしょう。ここで使われた技術は次の九種類です。
①発音通りに書かれているのを、現代口語文の約束に従うカナづかいに改めた。
②直接話法の部分はカギカッコの中に入れた。
③独白の部分はマルカッコ(パーレン)の中に入れた。
④句点(マル)で文を切った。

⑤段落（改行）を使って、話者の交替を明らかにした。
⑥漢字を使って、わかち書きの効果を出した。
⑦リーダー（……）を二カ所で使って、言葉が中途半端であることを示した。
⑧疑問符を使って、それが疑問の気持ちを表す文であることを示した。
⑨読点《とうてん》（テン）で文をさらに区切った。

なんでもないように見えながら九種類もの「技術」が使いわけられているからこそ、これはわかりやすい形に変化したのです。ついでにいえば、この中で最もむずかしい技術は最後の「読点」（、）ですが、これについては一章をもうけて詳述しましょう。

ともあれここにあげた実例は、句読点や漢字といった記号だけのわずかな「技術」だけれども、それでも「わかりやすさ」にこれだけの違いが出てきます。「話すように書く」ことなどできないのは当然でしょう。

たとえばまた「見た通りに書け」という俗論があります。これなども「話すように書く」以上の暴論でしょう。見た通りに書くということは、金輪際ありえません。こころみに、どこでも一秒間だけ眼をひらいて見てください。山の中でもいいし、街頭でもいい。その一秒間に何が見えましたか。山の中であれば、まず一挙に何百種もの樹木や草や苔《こけ》類がとびこんできます。それらの一枚一枚の葉の形や色、風にそよぐ様子といったこと全部を「見た通りに」書くとしたら、どうなるか。これは物理的に不可能です。量として無限にあり、時間的にもそれらは同時に存在しますから、同時に書くのでなければ「見た通り」ではありません。あるひとつの草のことから書きはじめたら、それはすでに筆者が主観的に選択したのであり、筆者の眼にうつった無限のことがらの中からひとつだけ強引にとりだしたことを意味します。もはや「見た通り」では断じてありえません。

それではいったい、作文とはどういうことなのか。中学生の諸君であれば、学校できっと外国語を勉強しているでしょう。とくに日本の場合は「英語」が多いでしょう。その授業では作文のとき、どこにコンマをうって、形容詞をどこにおいて、ここには関係代名詞を使って……というふうに考えます。これは決して「話すように」作文するのではありません。その意味では、子どものとき外国にいてその国の言葉が普通に話せる日本人といえども、単にそれだけでは決して外国語が「書ける」ことにはなりません。イギリスやアメリカへ行くと「乞食でも英語を話す」という有名な冗談があるように、これだけでは作文を勉強したことにはならないのです。

日本語の作文を日本人が勉強することも、このような外国語作文の原則と少しも変わりません。私たちは日本人だから日本語の作文も当然できると考えやすく、とくに勉強する必要がないと思いがちです。しかしすでに先の実例でもわかるとおり、書くことによって意思の疎通をはかるためには、そのための技術を習得しなければなりません。決して「話すように」「見た通りに」書くわけにはいかないのですから。「英語」の作文でコンマをどこにうつかを考えるのと全く同様に、日本語作文では読点をどこにうつべきかを考えなければならないわけです。

それでは次の章から本論にはいりますが、その前にひとこと述べておきたい件があります。それは日本語は「論理的ではない」とか「特殊な語順だ」とかいったひどい間違いを言ったり書いたりしている例が、かなりの知識人や学者にもいることです*。これはとんでもない無知によるものだということだけここで強調しておきますから、もしこういうことを聞いたり読んだりしても決してだまされないようにして下さい。人類の使っているあらゆる言語は論理的であって、非論理的な言語などは世界にひとつもありません。

ただし、言葉がいくら論理的であっても、それを使う人間が論理的かどうかは別問題です。だから言葉を正確に使うためにも、作文の技術は重要になってきます。

**「『作文』とはなにか」のおさらい**

●小学校では「作文」は教えてくれない。
●「作文技術」とは読む側にとってわかりやすい文章を書くこと。
●「話すように」「見た通りに」書くことはできない。
●日本語でも外国語でも「作文技術」は必要である。
●日本語は世界的に見て特殊な言語ではない。

# 第一章
# かかる言葉と受ける言葉

たとえば、つぎのような簡単な文があるとします。

花が咲いた。

これは「花が」という言葉が「咲いた」という言葉にかかっているわけです。逆に言えば、「咲いた」という言葉は「花が」を受けています。

中学生になって学習する文法の教科書には、こういうとき「『花が』が『咲いた』を修飾する」というような説明をしている場合が多いでしょう。また「花が」を主語とし、「咲いた」を述語としている場合もあるかと思います。前の場合ですと、「花が」は修飾語であり、「咲いた」は修飾される側ですから、両者は「修飾・被修飾の関係」ということになります。あとの場合は「主述関係」とされているでしょう。

しかしここでは、こうした文法用語をあまり使わないことにします。なぜかというと、こうした文法には、学者によって見方が違うことが多いからです。（とりわけ日本語の場合には、とつけくわえてもいいかもしれません。）「修飾語とは何か」も単純ではないし、「主語」というものは日本語に存在しない、と考える学者もいます。

したがって「花が」と「咲いた」の関係も、ここではごくおおざっぱに「かかる言葉と受ける言葉」としておきました。二つの言葉は、一方がかかる側、他方が受ける側、つまり「かかり受け関係」です。

まず第一章で強調したい原則は、この「かかる側と受ける側は直接つなぐこと」、要するに両者を遠くに離さないことであります。じつに簡単な原則ですが、わかりにくい文章にはこれが無視されていることが案外おおいのですね。

つぎの例はどうでしょう。

私は花が咲いたと言った。

このていどなら、まだそれほど、わかりにくくはありません。さらに長くしてみます。

私はスミレの花が裏庭で咲いたと言った。

少しわかりにくくなりました。もっと極端に長くしてみます。

私は母が弟に隣りの部屋で裏庭で黄色いスミレの花が咲いたかどうか見てくるように言ったのを聞いていた。

こうなると非常にわかりにくくなります。このような場合、文章が長いからわかりにくいのだ、短く切ればよい、といった解説をする例がありますが、わかりにくさと文章の長短に直接の関係はありません。たんに「かかる側」と「受ける側」が離れすぎているからです。両者を直接つなげば次のようになります。

花が咲いたと私は言った。

スミレの花が裏庭で咲いたと私は言った。

黄色いスミレの花が裏庭で咲いたかどうか見てくるように母が弟に言ったのを隣りの部屋で私は聞いていた。

これには次の章であつかう「かかる言葉の順序」も関係してきますから、もっと単純に「離れすぎ」だけを問題にすべく、極端な例をつくってみました。

私は小林が中村が鈴木が死んだ現場にいたと証言したのかと思った。

この文章がなぜわかりにくいかは、だれしもすぐ理解できましょう。それぞれの「かかり受け関係」は次のとおりです。

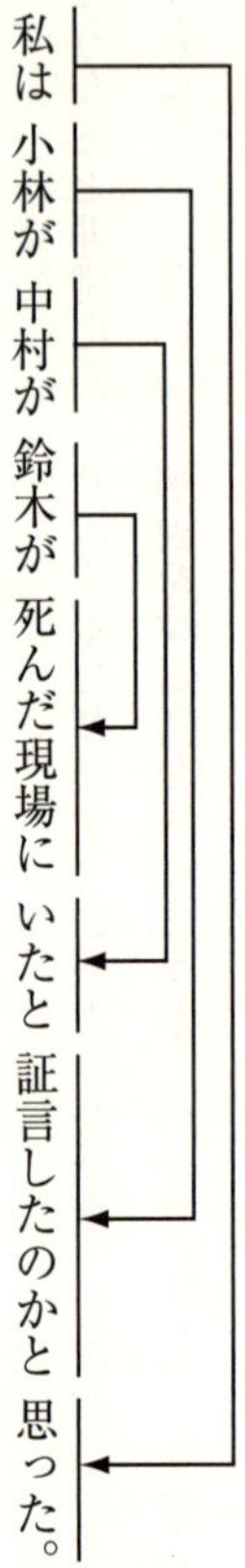


つまり「私は……思った」の間に、かかり受け関係にある言葉が何重もの入れ子になっていて、文法的には正しくとも、これでは一読して（耳で聞いても）わかりません。この文章を、一切の言葉に変更を加えずに、機械的に位置を変えるだけでわかりやすくするためには、かかる側と受ける側の言葉同士を直結し、入れ子をはずせばよろしい。

鈴木が　死んだ現場に　中村が　いたと　小林が　証言したのかと　私は　思った。

このように、少なくとも位置を変えるだけの操作でかなりわかりやすくなりました。

こういう極端な例をみると「まさかこんなひどい文を……」と思われるかもしれません。しかし私たちの周辺にはこれに似た文章がいくらでもみられます。次の文章は新聞の社会面トップ記事です。

二日未明、東京都三鷹市のマンションで、部屋に充満していたプロパンガスが爆発して四人が重傷、三十二人が飛び散ったガラスの破片などで一―二週間のけがをした。（『朝日新聞』一九七四年一〇月二日夕刊九ページ）

これなどはかんたんな例だから特別にわかりにくくはないでしょうが、それでも「三十二人が飛び散った……」のところは一瞬まごつきます。まるで人間が飛び散ったかのように思わせられる。「三十二人」が実は「一―二週間のけがをした」にかかるのだということを理解するまでには、瞬間にせよ途中で読みかえさなければなりません。これを抵抗なく読ませるための第一の方法は、かかり受け関係の直結です。

……四人が重傷、飛び散ったガラスの破片などで三十二人が一―二週間のけがをした。

しかし論理的にはこれでも不完全でしょう。「一―二週間のけが」をした人はガラスの破片によるものですが、重傷の四人は何によるのかわかりません。爆風ということも考えられますが、やはりガラスの破片もあるでしょう。「ガラスの破片など」というのだから、いろいろあるようです。となると「ガラスの破片などで」は重傷者にもかかるべきでしょう。

……プロパンガスが爆発して、飛び散ったガラスの破片などで四人が重傷、三十二人が一―二週間のけがをした。

これなら抵抗なく読めるし、論理的にも欠陥はありません。

かかる言葉と受ける言葉があまりに離れすぎると、書いている当人もつい忘れてしまうことがあります。つまり、かかる側が出てきながら、それを受ける側がないのです。いわゆる〝一流大学〟の教授でも珍しくありません。次の例を見てください。

ここで重要なのは、非単系の社会に血縁集団が存在するばあい、必ず土地・財産などはその成員《メンバー》が共有するか、あるいは一成員《メンバー》の所有となる土地と財産とに他の成員が依存することが必要だと思われる。血縁組織そのものが、非常に流動性に富み、単系と違って成員が構造的に決定されていないから、一定の地域に居住し、一定の土地・財産を共有しない限り、成員の団結は困難である。同時に、この流動性に富むということは、いかなる経済的な環境・変化にも順応することができる。（中山書店『現代文化人類学』第三巻・九二ページ）

これはある有名な女性文化人類学者の文章ですが、右の中で傍線を引いた二つの部分は、それぞれ受ける側を欠かすことができないはずです。ところがこの文章だと、受ける側となるべき言葉が、ついにどこにも現れません。言わんとしている意味はわかりますが、文法的に欠陥品なのです。これは次のように直さなければなりません。

まず最初の傍線部「ここで重要なのは」は、もしこのままで正しくする方法をとるなら、この文を「必要だと思われる」で終わりとしてしまっては、入れ子の底が抜けています。底とは、入れ子の中をカギでくくったときの「閉じカギ」のことです。たとえば「必要だと思われる点である」として、「点である」という底をつければよろしい。これは次のように構造式ふうにしてみるとわかりやすいでしょう。

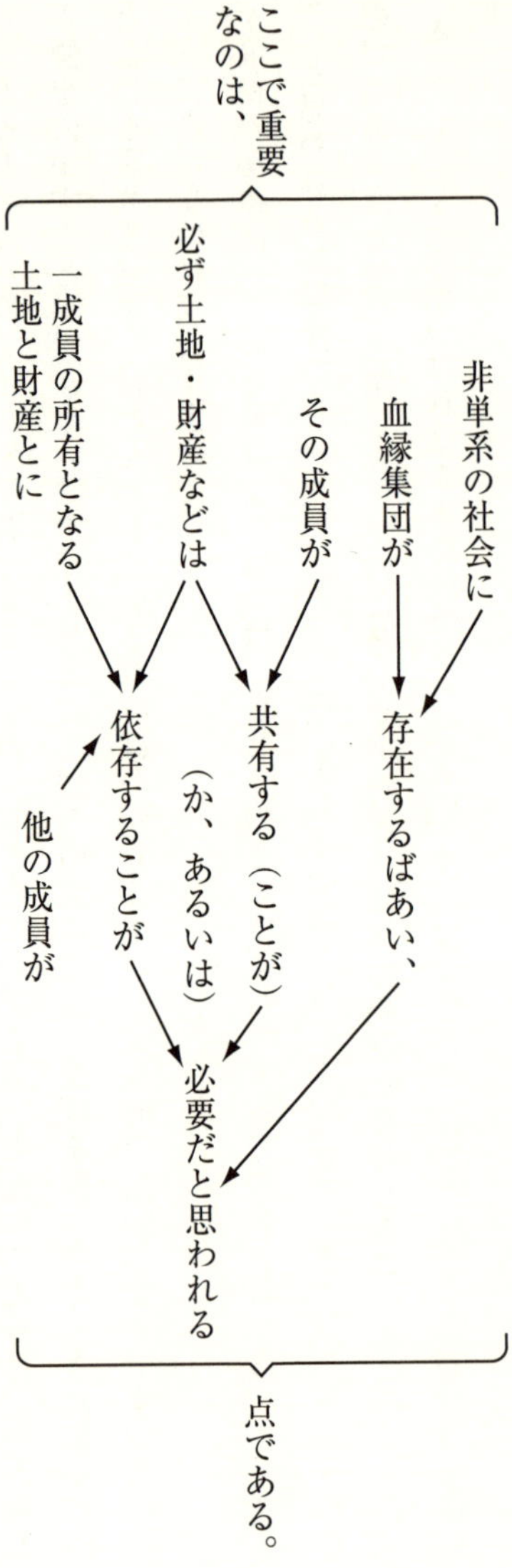
ここで重要なのは、
非単系の社会に
血縁集団が
その成員が
必ず土地・財産などは
一成員の所有となる
土地と財産とに
存在するばあい、
共有する（ことが）
（か、あるいは）
依存することが
他の成員が
必要だと思われる
点である。

同様に、次の傍線部「この流動性に富むということは」は、「順応することができるということでもある」とでもしなければ、入れ子の底がつきません。

これらをわかりやすくするためには、やはり入れ子の外側をはずして直結することです。前の場合だと「ここで重要なのは次の点である。すなわち非単系の……」とするか、あるいは「非単系の……と思われる点がここで重要だ」とすればよろしい。

かかり受けの関係からも底抜け文章の点でも、もっと極端な実例を引用しましょう。やはり〝一流大学〟の教授です。

必要なことの一つは、スミスの経済書や倫理学の著作を通じて彼の思想の根幹をなしている人間の本性、「利己心」＝「自愛心」、そして独立の人間としての気概、それらが、国民経済そのものが彼の念願している「事物自然の成り行き」に向かわず、独占の定着、競争原理の排除、蓄積を食い潰す浪費、勤勉に対する怠惰の圧倒、に顚倒していく今日、二百年以前の「国富論」の初心にもう一度戻って事態を総体として点検し正してみる必要があろう。（『朝日新聞』一九七六年一月三一日夕刊・文化面「不思議な国のスミス」から）

これはある有名な男性政治学者の文章ですが、冒頭の傍線部分を受ける言葉がついに現れないままです。どうすれば「底」がつくかを、クイズみたいに考えてみるのも一興ですね。宿題としておきましょう。

それでは、かかる言葉と受ける言葉を直結しさえすれば良くなる文章の実例をいくつか紹介します。

野蛮な文明の敵（『赤旗』一九七九年三月三一日）

これは新聞の見出しですが、これでは「『野蛮な文明』の敵」なのか「野蛮な『文明の敵』」なのかわかりません。公害や原子爆弾などは「野蛮な文明」ともいえるのですから。これも直結して――

文明の野蛮な敵

とすれば誤解される恐れはなくなります。全く同様に次の例はどうですか。

危険な政府の権威主義（『毎日新聞』一九七八年六月二六日朝刊）

これも大きな見出しです。もう説明するまでもないでしょう。見出しの類で実に多いのは、まさにこの「多い」という言葉が使われるときの「離れすぎ」です。――

多い地下室で命拾い（『朝日新聞』一九七七年三月一四日夕刊）

これだけ見ると、次のどちらなのか全く見当がつきません。――

Ⓐ「多い地下室」で命拾い
Ⓑ多い「地下室で命拾い」

これはルーマニア大地震での教訓なのですが、ルーマニアの家は地下室が多いので命拾いした（Ⓐの場合）ともとれるし、地下室にいて助かった人が多い（Ⓑの場合）ともとれます。本文を読んでみてⒷとわかるのですが、これなどは外国人で日本語を習いはじめた人はたぶんⒶと思うだろうし、日本人でも新聞の見出しのヘンなクセになれていない人だとⒶとみるでしょう。これは正しくは「地下室で命拾いが多い」とすべきなのですが、これだと「が」が一字だけふえるし、見出しとしても「見出しらしさ」がなくなって困るのかもしれません。そうであればⒷのようにカギカッコでかこめばよろしい。でなければ「多くが地下室で命拾い」とか「地下室が多くを救う」「地下室の有無が生死を分かつ」「地下室で助かる」などと、よりわかりやすい別の表現を工夫すべきです。見出し係はそれが商売なのですから。次の例なんかも芸のなさの典型でしょう。

多い野党の結束のなさ嘆く声（『朝日新聞』一九七七年七月三一日朝刊）

見出しにこういう例が多いのは、一字でも少なくして最大の意味を持たせようとする無理のなせる業だから、という弁解も成りたつかもしれませんが、本文中にも「離れすぎ」はしょっちゅうあります。もう毎日の新聞から例を拾いだすことができるほどです。たとえば——

西独製品が持つ強い価格面以外の競争力（『朝日新聞』一九七七年一一月二七日朝刊九ページ七段目）

右の中の「強い」は当然ながら「競争力」に直結しなければなりますまい。

この章の最後として、ちょっと面白い論争をご紹介したいと思います。まず文法学者・小泉保氏の著書『日本語の正書法』（大修館書店）から、以下の部分（上に棒線）を引用します。

---

臼井吉見氏は、兵隊時代「積極的任務の遂行」という部隊長の統率方針をみて、「こんな日本語はない。任務の積極的遂行とすべきだ」と批判したのが部隊長の耳に達した。その才気に感じて以後部隊長は臼井氏に目をかけ、前線送りから除外してくれたので命拾いをしたと述懐している。日本語はまさしく臼井氏にとって命の恩人である。

しかし「積極的任務の遂行」という標語は別に文法的に誤ってはいない。いやむしろ正しい日本語である。いま分かりやすい例をあげてみよう。

美しい水車小屋の娘

この句における「美しい」という形容詞は決して「水車小屋」のみにかかるのではなく、「水車小屋の娘」という語句全体を修飾しているのである。すなわち、

美しい↓（水車小屋の娘）

のように分解されよう。

積極的任務の遂行

ここでも「積極的」という語が「任務の遂行」という句にかかっているのであって、任務の遂行を積極的に行うようにという訓示である。

積極的↓（任務の遂行）

これを臼井氏の言うように「積極的」が「任務」を修飾するのはおかしいから、「任務の積極的遂行」に改めるとするならば、シューベルトの歌謡題目も文法的に間違っていることになり、

水車小屋の美しい娘

と訂正しなければならなくなる。こうすると、

水車小屋の↓（美しい娘）

という修飾構造をもつことになる。（中略）

とにかく文法は理屈ではなく了解である。臼井氏は理屈で「積極的」を「遂行」だけにかかるものと解釈したのである。理屈を言い出したら、日本語には筋の通らない語句が随分たくさんある。「腹が立つ」「腹がへる」もそうだが「私は水が飲みたい」も論理的には理解に苦しむ文である。

おそらく部隊長は「積極的任務の遂行」というモットーを何の矛盾も感ずることなく紙に書きしるしたのであろうし、これを読んだ兵隊もそのまま内容を了解したのであろう。実は書く者と読む者、話す者と聞く者の間に了解が成立する背後に文法の規則がひそんでいるのである。この言語伝達を無意識の内に支配している文法ルールを取り出して明示するのが言語学者の仕事である。(同書三七五―三七七ページ)

つまり小泉氏は「美しい水車小屋の娘」がむしろ正しいのであって、「水車小屋の美しい娘」では「美しい」が「娘」だけにしかかからないといいます。文法学者としての小泉保が、文芸評論家で小説も書いた臼井吉見に〝論争〟をいどんだかたちですが、すでに故人となった臼井氏には反論不可能です。臼井氏が私と同郷の信州人だからというわけではないけれど(笑)、ここで臼井氏にかわってこの〝論争〟に介入してみましょう。

問題は二つあります。まず小さい方から――

そもそも「美しい水車小屋の娘」というような標題――これはシューベルトが作曲したミュラーの詩の標題ですが、その翻訳としての日本語がよくない。もとのドイツ語はDie schöne Müllerinです。つまりMüllerin(水車小屋の娘)は一語だ。それを「水車小屋の」「娘」というように、日本語訳は分けていいます。もしこれが、たとえば「織り姫」というような一言であれば「美しい織り姫」となって、問題とすべき何事もおこりえません。「織り美しい姫」などとは言えない。すなわち、直訳すればなるほど「美しい水車小屋の娘」でもいいけれど、これはあくまでも直訳的翻訳であって、できればもっと日本語としてこなれたものでありたい。最初から日本の詩人が日本語として作詩すれば、たとえば単に「水車小屋の娘」というふうになるかもしれません。だから、もともと日本語として不自然だということ。しかしこれは小さな問題です。

もう一つは重大問題と言わねばなりません。すなわち、この場合「美しい」は果たして「水車小屋の娘」という語句全体にかかるのでしょうか。ドイツ語の場合は一語だからその通りですが、あくまで日本語として考えるとき、やはり「美しい」は「娘」だけにかかるのではないかと私は思います。

美しい ↙<br>
　　　　　娘<br>
水車小屋の ↘

という同格のかかりあいであって、文法的には「美しい」と「水車小屋の」のどちらが先にきても正しい。そうであれば「水車小屋の美しい娘」の方が、誤解されないだけ論理的であり、したがってわかりやすく、かつ次の章（語順）でふれる意味でも、この方が優れています。もし「水車小屋」も「娘」も両方が美しいのであれば、もちろん

美しい水車小屋の美しい娘

となります。実際にはダブリを避けて——

しゃれた水車小屋の美しい娘
美しい水車小屋のきれいな娘

とでもいうのでしょうが、原則的には前のように「美しい」を二つ使わざるをえない。なぜ「美しい」が「娘」だけにかかるかを考えるには、次のような実験をしてみるとわかりやすいでしょう。

美しい水車小屋の赤毛の娘

こうすると、はたして「美しい」は「娘」だけにかかるのか「水車小屋の赤毛の娘」全体にかかるのか、それとも「水車小屋」だけにかかるのか、わからなくなりはしませんか。むしろ「水車小屋」だけととるのが自然になります。しかし小泉氏のような「語句全体」説に従えば、この場合も——

美しい↓（水車小屋の赤毛の娘）

でなければならぬはずです。これはもっと極端にしてみればはっきりしてきます。——

美しい水車小屋の小さな赤毛の娘

美しい水車小屋の黒い目をした小さな赤毛の娘

小泉説によれば、こうなっても断乎として「美しい」は全体にかかるのでしょうか。否。私は断乎として「娘」だけにかかると考えます。すなわち

美しい ↙
水車小屋の ↙
黒い目をした ↓ 娘
小さな ↘
赤毛の ↘

ということであって、文法的にはどれが先に来てもよろしい。そうであれば、この五つの「かかる言葉」のどれを先に、どれを後にするのが論理的かつわかりやすいかという問題になってくる。これこそが次の章の「語順」になるわけですが、以上の説明でわかるように、やはり「より良い」日本語としては、原則として「水車小屋の美しい娘」に軍配をあげざるをえません。したがって臼井吉見氏の話にしても「任務の積極的遂行」の方が「より良い」といわざるを得ない。

実は、かつて学生のころ買った『シューベルト歌曲集』（好楽社・一九五〇年）を開いてみたら、なんと扉と訳詩の標題に「水車屋の美しき娘」とあるんですね。かと思うと楽譜には「美しき水車屋の娘」と出ている。どちらでもいいということですが、論理的には「水車小屋の美しい娘」と直結する方が優れています。（なお「美しき」「水車屋の」の場合はウツクシキもスイシャヤノも同じ五つの音節だから、次の章でいう語順の原則からしても「どちらが先でもいい」ことになる。だが「水車小屋の」は六音節だから、その意味でもこれが先の方がよいことになろう。）

しかし、このていどの短い語句だと、ほかの要素もからんできます。とくに詩のようなときは日本語としての韻だの調子だの、あるいは言葉相互の親和度（なじみ具合）とか接合関係（つながり具合）も関係してくる。その意味では「美しい水車小屋の娘」がとくに悪いともいえますまい。だから「文法は理屈ではなくて了解」（小泉氏）なのでしょう。*

ただ、ここではあくまで原則――「かかる言葉と受ける言葉をできるだけ近づけるべし」という原則を重視して、以上のように説明しました。とくに「美しい」は「娘」だけにかかるのだという核心はご注意ください。

ついでにいえば、小泉氏は「水車小屋」というロマンチックなイメージにひっかかってだまされたのかもしれません。たとえば「美しいブタ小屋の娘」とか「美しい水車小屋のヒキガエル」でも同じ結論になったかな？　とも思うのです。

さきに挙げた次の例も同様なことが言えるでしょう。

　西独製品が持つ強い価格面以外の競争力

これも「美しい水車小屋の娘」についての小泉氏の解釈に従いますと――

　強い↓（価格面以外の競争力）

ということなのでしょうが、それならばこれはいっそのこと――

強い→（西独製品が持つ価格面以外の競争力）

とやっていい——というより、こうしなければならないことになってしまいます。これでは、さきの「多い」の見出しと同じ「ヘンな日本語」です。だからこそ「強い」は「競争力」だけ、それ「だけ」にかかるのであって、断じて「語句全体」にかけてはいけないと私はいいたいのです。この場合は「強い」という言葉だから、親和度が「価格面」よりも「競争力」により大きく働くだけましですが、たとえば「法外な」といった言葉だった場合、親和度はどちらにも同じくらいに（またはむしろ「価格面」に）働くので、もう全くわからなくなってしまうでしょう。すなわち——

㋑「法外な価格面」以外の競争力

㋺価格面以外の「法外な競争力」

㋑か㋺かは、もう全く、この前後の文をよく読みなおす以外にはわかりません。

**「かかる言葉と受ける言葉」のおさらい**

●「文」は「かかる言葉」と「受ける言葉」で成り立っている。

●文の理解には「主語・述語」「修飾・被修飾」関係などより単純な「かかり・受け」関係を勧《すす》める。

●文章の長さは、わかりにくさとは関係ない。

●「かかる言葉」と「受ける言葉」は近いほどわかりやすい。

●「美しい水車小屋の娘」は「水車小屋の美しい娘」のほうが誤解されない。

# 第二章
# かかる言葉の順序

## （1）句より節を先に

たとえば、ここに紙が一枚あるとしましょう。これにかかる言葉をいろいろ次に並べてみます。

白い紙
横線の引かれた紙
厚手の紙

右にあげた三つのかかる言葉をひとつにまとめて、「紙」という名詞につなげるとき、順序はどうすればいいでしょうか。いくつか組み合わせてみます。まず右に書いた順序のまま並べてみると、

白い横線の引かれた厚手の紙

すぐ気づくように、これだと「白い横線」の引かれた紙、つまり横線が白いことになってしまいま

す。では反対から並べてみると、

厚手の横線の引かれた白い紙

こんどは横線が厚手（?）であるかのようにとられる恐れがあります。残された並べ方をつぎに列挙しますと、

Ⓐ白い厚手の横線の引かれた紙
Ⓑ横線の引かれた白い厚手の紙
Ⓒ横線の引かれた厚手の白い紙
Ⓓ厚手の白い横線の引かれた紙

以上の六通りの並べ方ですべての例がそろいました。この中で誤解を招きやすいのは、さきの二例のほかⒶとⒹです。ⒷとⒸなら誤解はありません。

それでは、このⒷとⒸの二つの並べ方が他の四例と比べて違っている点は何でしょうか。それは、「横線の引かれた」が先にあり、「白い」または「厚手の」があとにあること。すなわち、節（クロー

ズ）が先で、句（フレーズ）があとに出ることです。ここで「節」と「句」という文法用語が出てきましたが、このていどは仕方がありません。中学生であれば学校で教えられるでしょう。しかしこれにしても学者によって定義がちがうことは、一応おことわりしておきます。*

では、なぜ節を先にすべきなのか。すでに実例ではっきりしたように、句を先にすると「横線」がそれを受けることになるからです。「横線の引かれた」という節が、「白い」または「厚手の」という句のあとにくると、節の中の先の方の名詞（横線）だけにかかってしまう。したがって、語順の第一の原則として、ここで次のようなことがいえましょう。

**❶節を先にし、句をあとにする。**

これは動詞にかかる言葉の場合も同様であって、たとえば（自動車が）「走る」という動詞について考えてみると——

速く走る。
ライトを消して走る。
止まらずに走る。

これを、もし「速く」を先にして

速くライトを消して止まらずに走る。

とすると、なんだか「ライトを消す」ことを「速く」する、つまり「速く」が「消す」にかかるかのように読まれる恐れが出てきます。それでは次の二つのどちらが良いか。

Ⓐライトを消して速く止まらずに走る。
Ⓑライトを消して止まらずに速く走る。

あきらかにⒷの方が誤解が少ない。なぜⒶが問題かというと、「速く止まらずに」とした場合、止まらぬという動作を速くする。つまり「速く」が「止まらずに」にかかるかのようにとられる恐れがあるからです。すなわち「止まらずに」も節だから「速く」という句より後に置いてはまずいわけです。

## (2) 長い順に

しかしながら、同じ文のなかで節が続く場合はどうでしょうか。右の例だと「ライトを消して」と

「止まらずに」だから――

Ⓑライトを消して止まらずに速く走る。
Ⓒ止まらずにライトを消して速く走る。

この二つを比べてみると、Ⓑは誤解が少ないけれど、Ⓒは「止まらずに」が「消して」にかかり、たとえば「止まってライトを消すのではない」という意味にとられる恐れが出てきます。しかし、そういう意味ではⒷにしても「ライトを消して止まらぬ」、つまり「ライトをつけてなら止まる」というように、「消して」が「止まる」にかかることだってありうる。となると、なぜⒸよりもⒷの方が誤解が少ないのでしょうか。

問題をハッキリさせるために別の場合を考えてみます。こんどは述語にかかる格助詞の例で検討してみましょう。

AがBをCに紹介した。

右の文章は、ガ・ヲ・ニという三つの格助詞が使われています。文法家によっても違うけれど、ここでは故・三上章氏に従ってこの三者を次のように呼ぶことにします。

Aガ……主格
Bヲ……対格
Cニ……方向格

さて、これはのちの章で詳述しますが、日本語の場合この三者の資格は対等であって、いずれも「紹介した」にかかる言葉です。そして、これが重要なのですが、対等の資格だから順序も対等で、どれが先でもよろしい。すなわち、次の各例はどれも文法的に正しいし、また文章として不自然でもありません。

①AがBをCに紹介した。
②AがCにBを紹介した。
③BをAがCに紹介した。
④BをCにAが紹介した。
⑤CにAがBを紹介した。
⑥CにBをAが紹介した。

つまり、これは「紹介した」という述語をめぐるＡとＢとＣの三人の関係なのです。中心は述語に、述語だけにあって、他の三者はその付属物にすぎない。したがってこの三つの語は順序が全く自由であり、順序によって「わかりやすさ」に差ができることもなければ、論理が変わってくることもありません。

ところが、ＢとＣの二人に次のような修飾語をつけてみます。

私がふるえるほど大嫌いなＢ
私の親友のＣ

これをさきの「紹介した」という述語を中心とする文章にそのまま当てはめて、六つの語順を並べてみる。

①Ａが私がふるえるほど大嫌いなＢを私の親友のＣに紹介した。
②Ａが私の親友のＣに私がふるえるほど大嫌いなＢを紹介した。
③私がふるえるほど大嫌いなＢをＡが私の親友のＣに紹介した。

④私がふるえるほど大嫌いなBを私の親友のCにAが紹介した。
⑤私の親友のCにAが私がふるえるほど大嫌いなBを紹介した。
⑥私の親友のCに私がふるえるほど大嫌いなBをAが紹介した。

右の中で、どれが最も自然で、したがってわかりやすい文章でしょうか。一読してわかるように、それは④です。反対に不自然でわかりにくい文章はどれか。たぶん①②⑤などでしょう。こうした違いはどこからくるのか。

以上の二つの実例について、述語に対するかかり受け関係を、例によって構造式風に示すと次のようになります。

〔第一例〕

Aが ↙
Bを ↓ 紹介した。
Cに ↘

〔第二例〕

Aが
私がふるえるほど大嫌いなBを → 紹介した。
私の親友のCに

この二つで「自然で読みやすい語順」を改めて比べてみると、第一例は前述のように語順と関係ありません。しかし第二例は、先に示した六つの語順のうち④です。つまり――

〔第二例〕
私がふるえるほど大嫌いなBを
私の親友のCに
Aが　（紹介した）

ということになります。したがって次のような原則があることがわかりました。

**❷かかる言葉は長い順に並べる。**

この原則は、物理的な単なる「長さ」だけの問題であるにもかかわらず、文のわかりやすさ・自然さを決めるための最も重要な基礎をなすものといえましょう。

そこで先の「ライトを消して……」の例をもう一度検討してみます。長い言葉の順だと、

ライトを消して
止まらずに
速く　　　（走る）

となって、これが最も自然で、誤解をうけることの少ない語順です。「止まらずに」を先にすると、原則にはずれるから変調子になるんですね*。

この原則に違反するためによみにくくなっている実例は、もう毎日の新聞や雑誌にほとんど無数といえるほど目にします。ごく最近の一例として、たまたま郷里の実家にいたとき見た新聞から引用しましょう。

「深い悲しみの中でもなお、私たちは暴力に対して暴力を振るうことには反対です」。壇上で小柄なラサルさんは大きな拍手に何度も包まれた。（『信濃毎日新聞』二〇〇二年八月一六日）

なんだかラサルさんは「壇上で」だけ小柄で、おりれば小柄ではないみたいですね。この場合「包

まれた」に次の四つがかかっています。

①壇上で
②小柄なラサルさんは
③大きな拍手に
④何度も

こう並べてみれば一目瞭然、長い順なら②③であり、そのあとの①と④は同じ長さですからどちらでもよいわけです。改良すれば次のどちらかでしょう。

Ⓐ小柄なラサルさんは大きな拍手に壇上で何度も包まれた。
Ⓑ小柄なラサルさんは大きな拍手に何度も壇上で包まれた。

これはあくまで「長さ」だけからの改良ですからこうなりますが、ほかの方法による改良ももちろんあります。たとえば原文のままでも「壇上で」のあとにテン（読点）をうつのもその一つです。この問題はあとの章でとりあげます。また「壇上の」とすれば、たった一字の助詞の変更だけで文のかかり受け関係ががらりと変わって良くなりますね。

以上の二つの原則は決して、よくある「主語と述語を近くすべし」といった文章論と同じものではありません。たとえば「かかる側と受ける側の距離を近くせよ」という表現であれば、前章で明らかにされたように、正しい関係を論じたことになりましょう。問題の本質は、いわゆる「主語・述語」関係ではないのです。これは次のような例で考えてみてもわかります。

Ⓐ明日はたぶん大雨になるのではないかと私は思った。
Ⓑ私は明日はたぶん大雨になるのではないかと思った。

右の二つでは、Ⓐの方がイライラしなくて読めます。なるほどこの場合は、いわゆる「主語・述語」がⒶの方が近いからわかりやすいともいえましょう。では、次の例はどうか。

ⓐ明日は雨だとこの地方の自然に長くなじんできた私は直感した。
ⓑこの地方の自然に長くなじんできた私は明日は雨だと直感した。

この二例では、明らかにⓑの方がわかりやすい。しかしいわゆる主述関係からすれば、ⓐの方がわかりやすくなければならぬはずです。これは実は当然であって、「主述関係」などというものは、日本語の作文を考えるとき、百害あって一利もありますまい。（くりかえし強調しますが、「主語」という日本語はヨーロッパの主流言語からの植民地的移植であって、いったん棚上げするほうが思考が自由になります。）これらの実例を支配する原則は、さきの「長い順に」です。

明日はたぶん大雨になるのではないかと
私は
（思った）

つまり、どちらも「思った」という述語にかかる二つの言葉のうち、「私は」は物理的に単に短いから後にする方が良いにすぎません。同様に、

この地方の自然に長くなじんできた私は
明日は雨だと
（直感した）

の場合も、「……私は」が単に長いからという理由だけで、前にする方がよいわけです。

## （3）大きいことほど前へ

さてここで、阪倉篤義氏が著書『日本文法の話』（創元社）で出している次の文例をまず引用します。

①初夏の雨がもえる若葉に豊かな潤《うるお》いを与えた。

これは「与えた」という述語に、「初夏の雨が」と「もえる若葉に」と「豊かな潤いを」の、ほぼ同じ長さの三つが「かかる言葉」になっている場合です。この三つの順序をいろいろ変えてみましょう。

②初夏の雨が豊かな潤いをもえる若葉に与えた。
③もえる若葉に初夏の雨が豊かな潤いを与えた。
④もえる若葉に豊かな潤いを初夏の雨が与えた。
⑤豊かな潤いを初夏の雨がもえる若葉に与えた。
⑥豊かな潤いをもえる若葉に初夏の雨が与えた。

この六種類の中でどれが一番いいと思いますか。たとえば①と⑥とくらべたら、①の方がいいと思うでしょう。なぜでしょうか。この問題も重要ですから、別の例でもっと考えてみます。

太郎さんが ↙
薬指に ↓ けがをした。
ナイフで ↘

これは「けがをした」という述語に、たいして長短の差のない三つがかかっています。明らかに自然な語順は――

太郎さんがナイフで薬指にけがをした。
太郎さんが薬指にナイフでけがをした。

の二つであって、反対の悪い例は次の四つでしょう。

ナイフで薬指に太郎さんがけがをした。
薬指にナイフで太郎さんがけがをした。

ナイフで太郎さんが薬指にけがをした。
薬指に太郎さんがナイフでけがをした。

こんな例はどうでしょうか。

日本列島の上空に　↙
花子の放った風船が　↓　消えていった。
小さな点となって　↘

明らかにまずい順序は、「小さな点となって」を先にする場合です。

小さな点となって日本列島の上空に花子の放った風船が消えていった。

しかし、これとても「小さな点となって」を長くし、他を短くして「長い順に」の原則に当てはめてみると、

上空に　　　　　　　　　　　↙
花子の風船が　　　　　　　　↓　消えていった。
針の先のような小さな点となって　↘

となり、「針の先のような小さな点となって」を冒頭に置いてもよくなります。したがってあくまで長さに大差ないもの同士としてこれまでの例から考えてみますと、まず、

Ａが　↙
Ｂを　↓　紹介した。
Ｃに　↘

このＡＢＣ三者は、重要性やら状況やらが平等であり、対等です。ところが、

初夏の雨が　↙
もえる若葉に　↓　与えた。
豊かな潤いを　↘

となると、長短問題や格助詞の点からは三者平等ですが、内容の意味するところが平等ではない。たとえば「初夏の雨」が全体の中で占める意味は最も重く、大きな状況をとらえています。しかし「豊かな潤い」は、「初夏の雨」という状況の中での小さな状況であり、「もえる若葉」のさまざまなありようの中の、ひとつのあらわれ方にすぎません。そこで——

**❸大きいことほど前へ。**

という第三の原則があることに気付きます。「広いほど前へ」とか「重要なものほど前へ」という意味も含めての「大きなこと」です。だから先の例についても、最良の語順は、

　初夏の雨がもえる若葉に豊かな潤いを与えた。

であり、最悪の語順は、

　豊かな潤いをもえる若葉に初夏の雨が与えた。

となりましょう。もう一つの例でも、「けがをした」という大黒柱にかかる三つの言葉の中で、大

状況あるいは重要なのは「太郎さん」であって、決してナイフではありません。また「小さな点となって」も「日本列島の上空」より小さな状況であり、重要でないことはもちろんです。

## （4）なじみ具合

ところでこれまで述べてきたことは、言ってみれば〝物理的〟な問題です。しかし最後にとりあげなければならないのは、むしろ心理的な問題に属することであります。実例に即して考えてみましょう。さきに次のような阪倉氏の文例を挙げました。

初夏の雨がもえる若葉に豊かな潤いを与えた。

この中の「もえる」という言葉の親和度、つまりなじみ具合を検討するために、この文例を次のように変形します。

初夏のみどりがもえる夕日に照り映えた。

これまで述べてきた三つの原則からこれを考えますと——

初夏のみどりが↙
　　　　　　　　　照り映えた。
もえる夕日に↘

つまり❶句や節から言っても関係ないし、❷長い順からすれば同じくらいだし、❸状況の大小としても大差はありません。そうするとどちらが先でもいいようなことになるけれども、ここで問題になるのは「みどりがもえる」の「みどり」という言葉と、「もえる夕日」の「もえる」との関係です。なじみが強すぎる。だから読みながしてゆくと、つい「みどりがもえる」と誤読する瞬間が出てきます。しかしすぐあとに「夕日」があるから、ああ「もえる」は「夕日」の方にかかるのかと気付く。要するに「わかりにくい」文章になるわけです。これを逆にして――

もえる夕日に初夏のみどりが照り映えた。

とすれば、誤解のおきる余地はない。これは実は私たちが原稿を書いていてしょっちゅうやっていることなのですね。「あ、こうやったらここが誤解されるかな」と思って順序をひっくり返したり、別の言葉に入れかえたりをいつもやっています。

それではもう一つの実例として、さらに高度な（？）場合を考えてみましょう。まずさきの原形の文例をまた見ていただきます。

初夏の雨がもえる若葉に豊かな潤いを与えた。

この「与えた」という言葉は、けっして何にでもつく言葉ではありません。たとえば――

黒板が白墨を与えた。

というようなことは、文法的には可能だけれど、実際はありえない。だいたい「与えた」という言葉が成り立つのは、「人間」（または動物）が「物」を「与えた」ようなときにほぼ限られます。反対に「物が人を与えた」ということは、文法的には可能だけれども、普通はないことです。そうすると「与えた」という言葉が相手として選び得る言葉は、案外せまいものになってくる。いろんな言葉が論理的には可能だけれども、実際にはそんなに何でも選べるわけではない。「与えた」にくっつく言葉とは、たくさんある言葉の中で案外少ししかない。となると、「雨が潤いを与えた」という言い方は日本語として不自然な表現です。「物」が「物」を与えている。いわば翻訳調ですね。*

ここで「与えた」が問題とされたようなことは、実は他のすべての言葉にも言えるのではないか。要するに、日本語に限らず、あらゆる言語のあらゆる単語には、それぞれ独得の親和度（なじみの範囲、接合関係）があるのです。それを無視すると「ヘンな文章」や「ヘンな会話」になってしまう。たとえば「若葉」という単語のなじみ具合を考えてみましょう。「もえる」や「みどり」とはどうでしょうか。――

もえる若葉
みどりの若葉

どちらも強い親和度があります。しかし二つのどちらがより一層強いかというと、「若葉」に密着するのは「みどり」でしょう。いわば両者の「親和領域」がより大きく重なっている。これを図に表すと図1のようになります。

図1

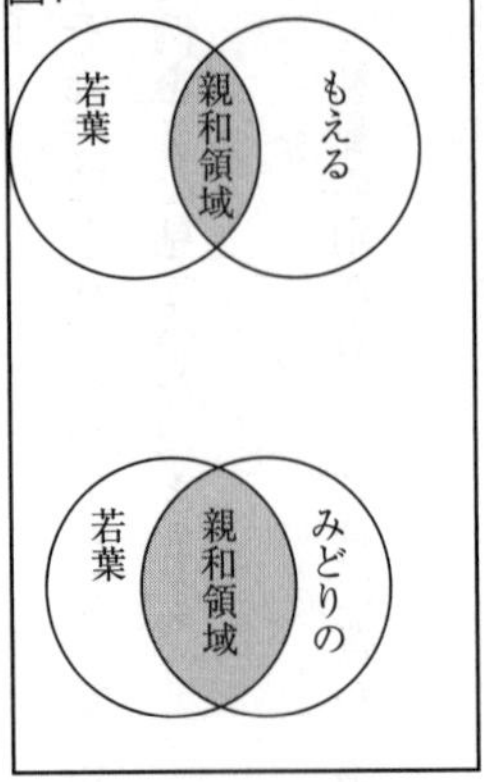


ところが一方では「もえる」と「みどり」の両者にもかなり強い親和領域がある。したがって三つの単語を一緒につなぐと三重の親和領域ができて、これではどれがどちらに付くのかわ

図2

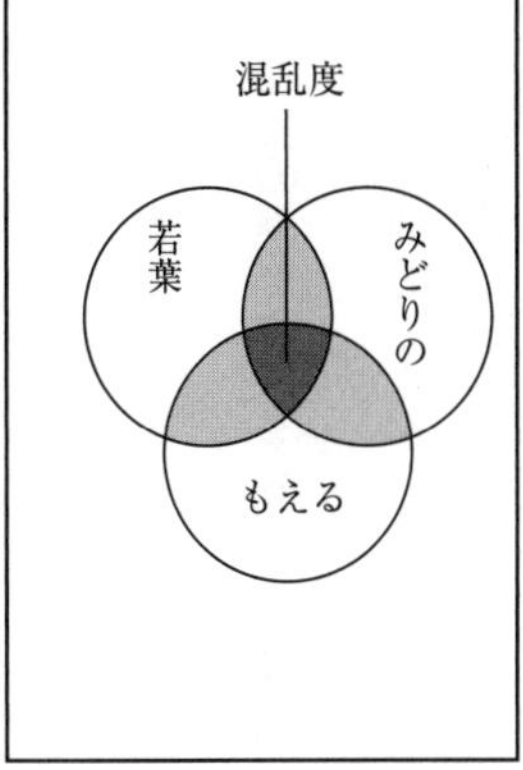


図3

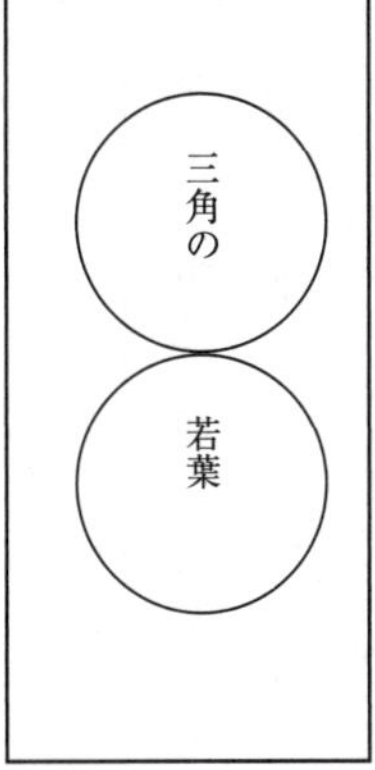


図4

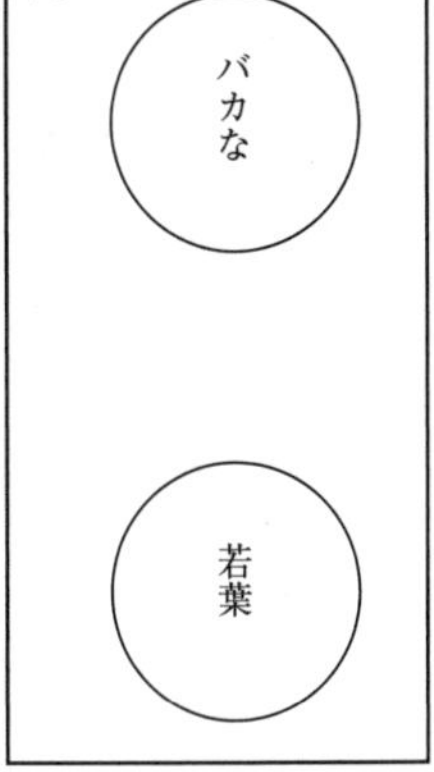


かりにくくなってしまいます（図2）。

つまり三重の領域——「混乱度」とでも言えましょうか、これが広いほど混乱もひどくなる。ところが、「若葉」に対してたとえば「三角の」という言葉をもってくると、「三角の若葉」というものも論理的には可能だけれども実際にはなじみにくい。それでも若葉となれば四角や三角や円形やいろんな形があるから、少しはあるかもしれない。不可能ではない。少なくとも接点はあります。（図3）——

しかしもっと極端にして、たとえば「バカな」という単語を考えてみましょう。すると「バカな若葉」というふうにはいえないので、どう考えても重なる領域がなくなってしまいます。（図4）——

しかし「バカな」がたとえば「男」に対してであれば、とた

図5

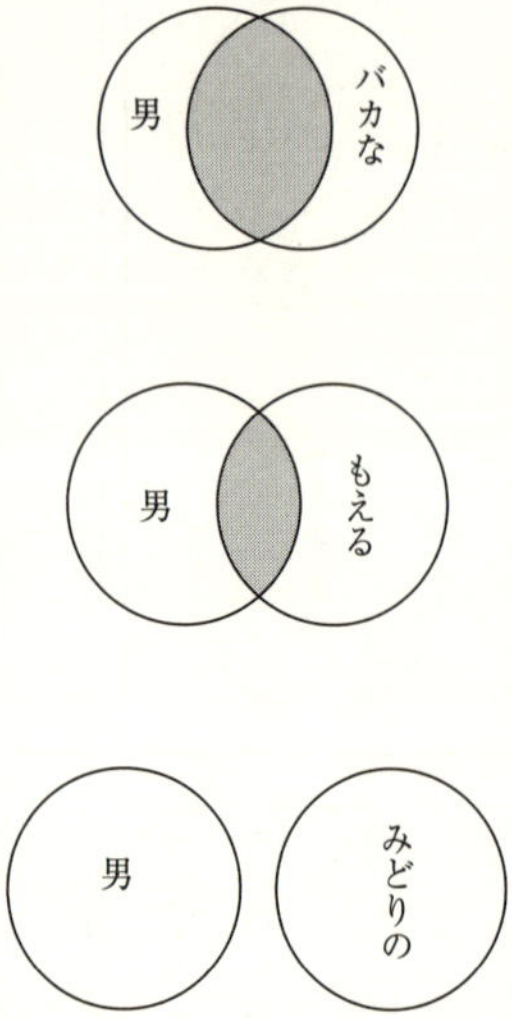


んに親和領域が広くなる。「もえる」も「男」に対しては同様ですが、「みどりの」は無理になります。（みどりの服の男、といった別の意味なら可能ですが。）（図5）——

と、このようなことが「なじみ具合」の問題です。これを文章の流れの中で順序として考えるとき、電池の並べ方にたとえることもできます。電池を懐中電灯の中に入れるとき、たとえば三個を直列に並べると、明るさは三倍になるが消耗は一個と同じだ。しかし三個を並列に並べると、明るさは一個と同じでも三倍も長もちする。同様に、単語が直列的にかかってゆくときはなじみの強さに従うとして、並列的にかかるときはなじみが強いほど引き離す。近づけない。なじみ具合の強弱を磁場のそれと見てもいい。たとえば——

初夏のみどりに↓もえる若葉が↓全山を包む。

これは直列的ですが、次のように並列的にかかる場合はなじみの強い単語同士（「みどり」と「もえる」）を遠ざける。

初夏のみどりが ↙
もえる夕日に ↘ 照り映えた。

つまり「もえる……」の方を次のように先にするという前述の結論となるわけです。

もえる夕日に初夏のみどりが照り映えた。

そして「与える」という言葉は、これにつながるべき他の言葉――「雨」「若葉」「潤い」との間に強い親和関係がなければならないのに、これでは「翻訳調」でなじみが弱くなります。しかし「照り映えた」であれば「夕日」や「みどり」との間の親和度はかなり強いから、日本語としてのすわりもよろしい。

すなわち、第四の原則として――

**❹なじみ具合による配置転換。**

という問題が明らかになりました。ただし、たとえばこの例でいうと「もえる若葉」――これは一種の慣用句に近い。このことは、手垢のついた紋切型を使えということではありません。「もえる若葉」という表現が初めて使われたときは新鮮だったかもしれませんが、もはや一種の慣用句に近づいている。だから詩人は慣用句的な使い方を避けたがって、たとえば若葉なんか燃えてないんだ、あれは叫んでいるんだとして「叫ぶ若葉」というような表現を使い、そこに新鮮な独自の言葉が生まれます。だから決して「慣用句を使え」という意味にはとらないで下さい。

この章の検討結果を要約しましょう。かかる言葉の順序には四つの原則があり、重要な順に並べるとそれは次の通りです。

**❶節を先にし、句をあとにする。**
**❷かかる言葉は長い順に並べる。**
**❸大きなことほど前へ。**
**❹なじみ具合による配置転換。**

この四つの原則のうち、とくに重要なのは最初の❶と❷の二つで、この二つの重要性はほとんど同等の比重です。❶と❷のどちらを優先するかは、その文の情況で判断します。

## （5）「かかる言葉の順序」を実例に見る

それでは、かかる言葉の順序が悪い実例をあげて、以上に述べた四つの原則の適用による改良を試みてみます。

チリ美人は、アルゼンチンの肉をたっぷり食べているセニョリータにくらべると、ぐっと小柄である。（『女ばかり南米大陸をゆく』読売新聞社）

右の「アルゼンチンの」という修飾語は、これだと「肉」にかかるとみるのが自然な読み方です。しかし事実は次のような関係にあるのですね。

チリ美人は、
アルゼンチンの↙
　セニョリータにくらべると、↓　小柄である。
肉をたっぷり食べている↘
ぐっと

とすれば、原則の適用によって次のように改良するのが最も自然でしょう。

肉をたっぷり食べているアルゼンチンのセニョリータにくらべると、チリ美人はぐっと小柄である。

つぎの例はどうでしょうか。

自分の生命を敬愛していた太宰治の前で絶ったのである。（講談社『酒飲みのための科学』二〇五ページ）

これだと太宰治が「自分の生命を敬愛していた」ことになりそうですが、実は次のような関係なのです。

敬愛していた太宰治の前で↙
自分の生命を↘
絶ったのである。

これは当然、「長い順」と「節を先に」の原則が適用されて次のようになります。

敬愛していた太宰治の前で自分の生命を絶ったのである。

この場合「生命」と「敬愛」とのなじみ具合も少し問題となりましょう。次の例はもっと強く「なじみ」があるために誤解がひどくなっています。

埼玉県蕨市で三十日夜、実の娘夫婦が胃がんなどのために「死にたい」と漏らす老母をバイクで荒川まで連れて行き、入水自殺を見届けるという事件が夫婦の自首で明るみに出た。（『朝日新聞』一九七七年一〇月三一日夕刊）

胃ガンになっているのは「母」なのですが、これだと少々考えなければ「娘夫婦」が胃ガンのようにも読みとれます。これを「長い順」に並べると、

胃がんなどのために「死にたい」と漏らす老母を
実の娘夫婦が
荒川まで
バイクで
連れて行き

となりますから、「節を先」の意味でもこのまま並べることで万事解決しますが、これは「胃がん」

と「娘夫婦」「母」との強い親和度を引きはなす結果にもなりましょう。もし「娘夫婦が」を先にもってきたいのであれば、そのあとにテンをうつことで可能になります。（次の章で検討）。この種の悪文は、新聞の前文（まえがき、リード）で全体を要約しようとするときに起こりがちな例のようです。
次の例も前文からとりました。

三日、愛知県南知多町の知多湾で、ゴムボートから兄がいっしょに釣りに来ていた弟を冬の海に突き落として殺し、弟にかけていた三千万円の保険金を詐取しようとした事件が発覚した。
（『朝日新聞』一九八〇年二月四日朝刊）

これを右の文の通りの順序で並べますと――

①ゴムボートから
②兄が
③いっしょに釣りに来ていた弟を
④冬の海に
} 突き落として殺し、

となります。いかにひどいものかわかるでしょう。「節を先に」「長い順に」と機械的に直せば――

いっしょに釣りに来ていた弟をゴムボートから冬の海に兄が突き落として殺し、

となります。これでかなりよくなったけれど、さらに改良すれば、①②④は長さに大差がないので、そういう時は第三の「大状況から先に」の原則を適用して、③のあとを④②①とする。さらに「兄弟殺人」を強調するために④より②の方が重要と思えば②④①としてもよろしい。次の例――

屋上から突き落とせば確実にかけがえのない命を奪うことになる、と大人は思う。(『朝日新聞』一九七九年一〇月一三日朝刊)

右の「確実に」には「(かけがえの)ない」と「奪う」との双方に親和力があるために、「確実に(かけがえの)ない」のか「確実に奪う」のかわかりません。意味からすればどうも「奪う」の方のようですが、絶対にそうだとは断言できない。「奪う」の方であればやはりこれは「長い順」に「直結」させて「確実に奪う」とすべきでしょう。次の例――

ポリ袋に便をぬった塗布紙を入れて提出してください。(検便の説明文)

これでは「クソをポリ袋に」ぬるみたい。しかし文意は異なり、かかり受け関係を示すと次のようになります。

ポリ袋に ↙
便をぬった塗布紙を ↘ 入れて……

これもごく物理的に次のように「長い順」に並べれば誤解されません。

便をぬった塗布紙をポリ袋に入れて……

＊

最後に、言葉の順序の問題を論じてきたこの章の余談として、私とは正反対の作文技術を説いている本を御紹介します。

それは「ぎょうせい」という出版社から出ている『私の文章作法』という単行本（一九七八年刊）です。著者はある有名な紀行文作家ですが、ここで私はこの本の欠陥を論じるわけだし、この著者に対してはむろん悪意など毫《ごう》も持たない故、お名前は挙げないことにして、「X氏」と仮称しましょう。また、良い実例よりも悪い実例のほうが学習上の理解を得られやすいことも、しばしばあるようです。

それでは、この本の「修飾句の並べ方」という章から冒頭の一部を以下に引用します。(上に棒線)

日本文の特色は、「動詞」が文末にくることであることはすでに指摘したが、このために、主語を修飾する部分が長くなると、読みにくくなり、修飾句が、二つ、三つと重なってくると、さらにわずらわしくなり、もう少し整理してほしい、と思いたくなる。

このために、いわゆる技術的処理を考え、

短い修飾句を前におく

長い修飾句は後におく

という原理を指摘している人は多い。

一例をいえば、

太く、よく育った、年輪のゆたかな竹。

という一文があるとする。

この場合に、「竹」を修飾する言葉を、短い順から書いてゆくと、読みやすくなり、表現も安定するというわけである。その証拠に

年輪のゆたかな、よく育った、太い竹。

と書くと、「頭でっかち」になり、リズムも乏しい。日本文の場合は、リズムも大切である。

（これに関しては、リズムについての章を参照）

また、人間を修飾するケースならば、

色白で背の高い、教養のありそうな男性

と書く方が、

教養のありそうな、背の高い、色白の男性

とするより「安定する」といえるのである。

じつは、この並べ方は、日頃、よい文章を読み、リズム感を養えば、ある程度、馴れてこようが、読む者にとって、別の「抵抗」は、シャベリ言葉でわかりやすく書こうとするあまり、次のように、口をついて出てくる言葉を、つみかさねてしまうことである。

私は、女性は結婚して、家庭にどっぷりとつかり、なまぬるい生活を送るのがよいと、考えているのでは、けっしてない。

「結婚」に関する、一女子学生の文である。

これは、シャベってみせれば、相手が理解できるが、書いてみると、まわりくどい上に、最後の動詞が「否定」とくるので、ますます混乱させられる一例である。

この文章を分解してみると、

Ａ　私は、

B　女性は結婚して、
C　家庭にどっぷりとつかり、
D　なまぬるい生活を送るのがよいと、
E　考えているのでは、
F　けっして
G　ない。

七つの部分に分けられるが、これは、次のように倒置、入れかえしてみると、やや、わかりやすくなる。

B　女性は結婚して、
C　家庭にどっぷりとつかり、
D　なまぬるい生活を送るのがよいと、
A　私は、
F　けっして
E′　考えて（いるのでは）
G′　いない。

E′G′は、E、Gの表現を少々変えて収めてみたものである。

X氏のこの一文を最初に読んだとき、私は「前」と「後」がひっくりかえった校正ミスかと思いました。「短い修飾句を前におく」の「前」です。しかもつづいて「という原理を指摘している人は多い」というのですから。

つまり、「長い方を前に」なら、指摘している人はかなりありますが、その反対に「短い方を前に」という〝原理〟を指摘する人など、私の見た何十冊もの文法書や文章作法の本の中に一人としてありません。X氏が初めてです。ところがそのあとを読んでみて、これは校正ミスではなくて本気なのだとわかりました。ここにあげられた実例を検討してみましょう。

太く、よく育った、年輪のゆたかな竹

竹に年輪があるのも変な話だけれど、ここでは別問題とします。X氏によれば、これらはすべて「竹」にかかる言葉だとのことです。つまり——

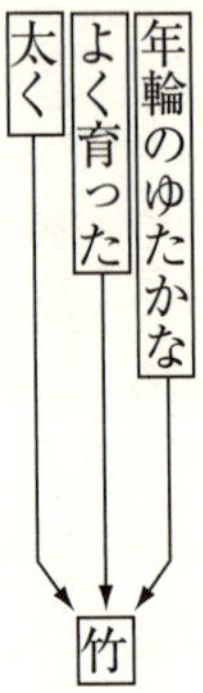

ということです。しかし、いったいだれが「太く竹」と言いますか。「竹」にかかるときは連体形「太い」以外にはありえません。つまりこれは次のような関係なのです。

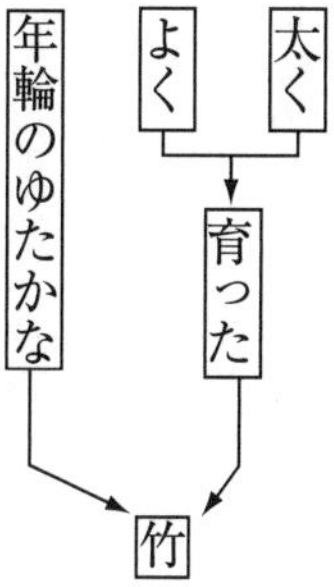


だからこそ「長い順に」かつ「節を先に」の原則を適用して——

太くよく育った年輪のゆたかな竹

となるのであって、正反対にはなりえません。で、X氏はつづいて「その証拠に」と、正反対の例を次のようにやってみせます。

年輪のゆたかな、よく育った、太い竹

驚嘆すべきことに、X氏はここで「太く」を「太い」に（黙って）スリかえてしまいました。連用形を連体形にスリかえてしまえば、かかり受け関係も当然かわります。したがって「太い」になってしまえば、かかる言葉も「育った」から「竹」にかわりますから、これは次のような関係にガラリと変わらざるをえません。

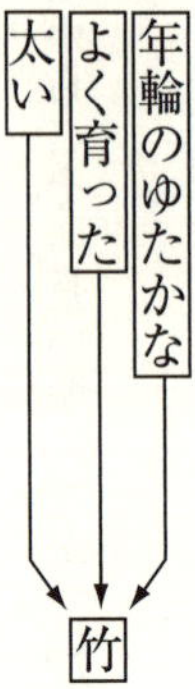


これなら正に「長い方を前に」の原則によって、X氏の書いている通りに、（しかしX氏の主張によれば、これは「よくない」のですが）——

年輪のゆたかなよく育った太い竹

となります。これが「よくない」のでしたら、X氏に従えば次の方がよりよいことになります。

太いよく育った年輪のゆたかな竹

その次の例も全く同じ過ちを犯しています。

色白で背の高い、教養のありそうな男性

この「色白で」を「色白の」にスリかえて「正反対」の〝原理〟を次のように示すのです。

教養のありそうな、背の高い、色白の男性

ついでながら、これは文章技術と全く無関係な話ですが、この実例の内容をひっくりかえすと「教養のなさそうな背の低い色黒の女性」となります。私が何を言いたいのかおわかりでしょう。こうした〝常識〟が無意識の世界を支配しているのが日本の現実です。つづいてX氏は、やや長い次のような例文を示します。

私は、女性は結婚して、家庭にどっぷりとつかり、なまぬるい生活を送るのがよいと、考えているのでは、けっしてない。

もし「長い・短い」の問題ならば、これは次のように考えるとわかりやすいでしょう。

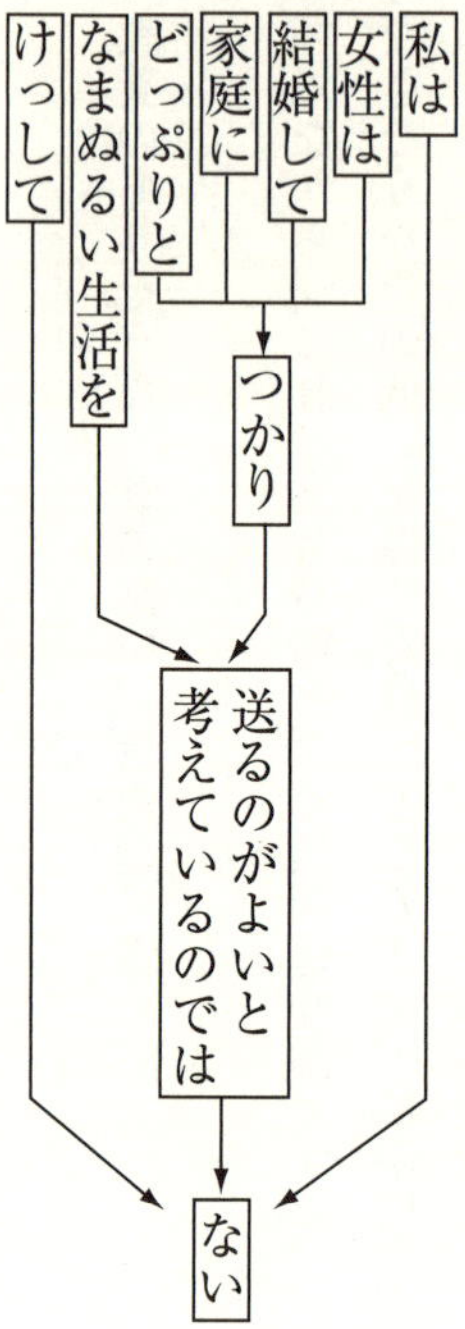

私は
女性は
結婚して
家庭に
どっぷりと
なまぬるい生活を
けっして
つかり
送るのがよいと考えているのでは
ない

つまり、「私は」は「女性は……送るのがよいと考えているのでは」よりも圧倒的に短いからこそ、次のようにあとにまわせばわかりやすくなります。——

女性は結婚して家庭にどっぷりとつかり、なまぬるい生活を送るのがよいと考えているのでは私はけっしてない。

こうした場合、「私は」と「けっして」では同じくらいの長さ（ワタシハ・ケッシテ）だから、「大状況の順」として「私は」を先にします。

またこの例だと、「私は」は「考えているのでは……」にかかるかのように思われる方もあるかもしれませんが、たとえば次のように単純化してみればこれはわかりやすいでしょう。

私はスパイではない。

すなわち——

私は ↙
スパイでは ↘ ない

ということであって、この場合の「ない」は助動詞ではなく、形容詞の述語である点に御注意ください。もし助動詞なら、たとえば——

私は九州へ行かない。

という場合、これを

私は ↙

九州へ ↓ ない

行か ↘

とすることはできません。したがって――

九州へ行か私はない。

とすることもできない。それでは「考えているのでは……」に「私は」がかからないのかというと、これには「(私が) 考えているのでは……」というように、主格 (私が) が略されているとみればよいでしょう。したがって「私はスパイではない」は「スパイでは私はない」とすることも可能になり、当然ながら「……と考えているのでは私はけっしてない」も、少しもおかしくはありません。

ところでX氏は、ここでもまた原文を「少々変えて」次のようにしています。

女性は結婚して、家庭にどっぷりとつかり、なまぬるい生活を送るのがよいと、私は、けっして考えていない。（傍点本多）

こんどは「黙って」スリかえたのではなく、ことわって変えました。しかしいくらことわっても、こうした問題を考えるときに例文を「少々」変えてしまっては、とうてい原則を追究することはできません。この場合も、同じ「ない」が原文では形容詞なのにここでは助動詞にされてしまいました。原則を考えるときに、原則を成立させている条件を変更してしまうのでは話になりますまい。

**「かかる言葉の順序」のおさらい**

- かかる言葉の順序には、四つの原則がある。
- 「節」を先にして、「句」をあとにする。
- 同じ「節」（または「句」）では、長い方を先にする。
- 長さが同じくらいのときは、大きな内容の方を先にする。
- 「長さ」も「大きさ」も同じときは、前後の言葉のなじみ具合で配置を考える。

# 第三章

# テンやマルのうちかた

## (1) マル(句点)そのほかの記号

、(テン)や。(マル)や「(カギ)のような符号は、わかりやすい文章を書く上でたいへん重要な役割を担っています。とくにこの場合、論理的に正確な文章という意味でのわかりやすさと深い関係がある。第一章のような「かかる言葉と受ける言葉」といった問題は、まずければ「不自然な」「読みにくい」「わかりにくい」ことはあっても、まるで別の意味になったり、正反対の意味になったりすることは、まあ少ないでしょう。

ところが、たとえば次のような例ではどうでしょうか。*

渡辺刑事は血まみれになって逃げ出した賊を追いかけた。

これだと血まみれになったのが渡辺刑事なのか賊なのかわかりません。もし賊が血まみれになっているとき、次のようにテンをうったらどうでしょう。

渡辺刑事は血まみれになって、逃げ出した賊を追いかけた。

これでは事実と正反対に、刑事が血まみれになってしまいます。となると、テンがなければ「どちらかわからない」ですんだのに、このテンによって正反対となり、いっそう悪くなるわけです。もしテンのうち方だけで改良するなら、いうまでもなく次の方法でしょう。

渡辺刑事は、血まみれになって逃げ出した賊を追いかけた。

ついでながら、実はこの文も、前章の「長い方を先に」および「節を先にし、句をあとにする」の原則に従って「渡辺刑事は」をあとにすることにより、テンがなくても誤解はなくなります。

血まみれになって逃げ出した賊を ↙
渡辺刑事は ↘
追いかけた

このように、符号・記号の類は意味を正確に伝える上でたいへん重要です。文章の中に現れる符号には、主として次のようなものがあります。

| | | |
|---|---|---|
| 。 | マル・丸・句点・終止符 | |
| 、 | テン・点・句切り点・読点・コンマ | |
| ・ | ナカテン・中点・中黒・ナカポツ | |
| （ | マルカッコ・パーレン | 二個で一対 |
| 「 | カギカッコ | 二個で一対 |
| 『 | 二重カギカッコ | 二個で一対 |
| 〝 | ヒゲカッコ・チョンチョンカッコ | 二個で一対 |
| ？ | 疑問符 | |
| ！ | 感嘆符 | |
| ＝ | イコール | |
| ‐ | ハイフン | |
| ゠ | 二重ハイフン | |
| …… | 点線・リーダー | |
| 、、、 | 傍点・ゴマ | |
| —— | 中線・長棒 | |

そのほかカッコの類として〈〉とか《》〔〕などもあります。

カッコの用法については特にむずかしい問題はないと思いますが、カギカッコ（「　」）を引用文に対して使うときの厳密性についてだけ強調しておきます。

かつて「職業としての新聞記者」という小論を書いた中に次のような文がありました。

私たちは、どのような動機で新聞記者という職業を選ぶのでしょうか。「隗《かい》より始め」る意味で自分自身のことを考えてみますと、……（本多勝一集・第18巻『ジャーナリスト』朝日新聞社）

これを読んだある記者が「これは『よ』が抜けているじゃないか、『隗より始めよ』という燕の郭隗の故事なんだから」といいます。これはどうも困った指摘です。だからこそ「始め」までカギカッコにして「る」は引用ではないことを示したのですが。もし〈「……始める」意味で……〉として「る」までもカギの中に入れると、もとの故事としての「……始めよ」からの正確な引用ではなくなります。引用はあくまで原文のまま示さなければなりません。引用部分と自分の文章とは明確にけじめをつけないと、他人の意見や報告をねじまげてしまい、ときにはとんだ迷惑をかけることになる。そしてカギの中は、あくまで忠実に原文に従わなければなりません。これは同時に、自分の文章に対して責任をもつことでもあります。

かつてある〝進歩的〟ジャーナリストが、私のルポルタージュ『戦場の村』に「サイゴンの民衆はうそをつくから、外国人にはほんとうのことがよくわからない」という言葉があったと書いて非難しました。しかもカギカッコつきで引用した。* ところが私のルポには、ここに引用されたような言葉は全く出てきません。しかし「ベトナム式ウソ」の文化論的性質については書かれています。そしてそれは「だが、これは『ウソ』というようなものとは次元が違う」のでした。その後の度重なる取材でもこれはよく経験している。本質的問題ではありません。

このように不正確な〝引用〟をされますと、された側は大変な迷惑をこうむる。これは引用ではなくて、むしろフレームアップ（でっちあげ）でしょう。もし原文を読んでそのように解釈したというのであれば、それは自分の解釈としてはっきりけじめをつけなければなりません。決してカギカッコで引用する形式をとってはならない。カギをなくした上で、「……というような意味のことを……」とか、「私には……という意味にうけとれた」とかいった表現にすべきなのです。

このことは、インタビューなどでの発言を文章にするときも同様でしょう。カギで示す部分は、厳密に当人の語った通りでなければなりません。カギにした上で妙な手を加えることは、当人への人権侵害や侮辱であるだけでなく、筆者がいかに無責任な人間かを暴露することにもなります。

なお、さきに「〝進歩的〟ジャーナリスト」とか「このように不正確な〝引用〟をされると……」と書いたときに〝進歩的〟や〝引用〟のところでヒゲカッコ（チョンチョンカッコ）を使いました。ヒゲカッコはこのように「本当はそうではない」ときとか、「いわゆる」つきのときに使われます。

次にナカテン（・）について。いま最もよく使われているのは外国語の固有名詞でしょう。「カール・マルクス」とか「ニューヨーク・タイムズ」とか。この符号はあとで述べるテン（読点）と区別する上でも、たとえば並列や同格の語のあいだにどんどん使うほうが論理としてわかりやすいでしょう。たとえば——

報道は、いつ・どこで・誰が（何が）・どのようにして・なぜ起きたかを書くのが常識とされている。

物理学者・湯川秀樹と歴史学者・貝塚茂樹の二兄弟を京都・二条城の二の丸庭園で見た。

これは構文（文のくみたて）の上でのナカテンの用法です。しかし「ニューヨーク・タイムズ」のような用法は、構文よりも文字の一種としてのナカテンです。この両者は区別する方がよいでしょう。でないと、たとえばカタカナの固有名詞などをナカテンで列挙するとき次のようになってしまいます。

カール・マルクス・アダム・スミス・チャールズ・R・ダーウィンの三人が……
ニューヨーク・タイムズ・ル・モンド・ワシントン・ポストの三紙が……

こういう場合はどうしたらよろしいでしょうか。そこでテン（読点）を使って——

カール・マルクス、アダム・スミス、チャールズ・R・ダーウィンの三人が……

物理学者、湯川秀樹と歴史学者、貝塚茂樹の……

などと書くことが多いけれど、テンをこのように使うと構文上の重要なテンの役割を侵害することがあります。だからナカテンが可能なときは私はテンを避けることにしています。しかし「かかる言葉」がつけば、もちろんテンにしなければなりません。——

『資本論』を書いたカール・マルクス、『国富論』を書いたアダム・スミス、『種の起源』を書いたチャールズ・R・ダーウィンの三人が……

それではカタカナの固有名詞などを列挙するときにはどうするか。よく教科書が使っていた方法に二重ハイフンがあります。——

カール＝マルクス・アダム＝スミス・チャールズ＝R＝ダーウィンの三人が……
ニューヨーク＝タイムズ・ル＝モンド・ワシントン＝ポストの三紙が……

最近これはあまり使われなくなっているようですが、私はこの方法をとることにしています。

符号の中で作文上とくに重要なのはマルとテンですが、マルについては用法に困難な問題は少ないでしょう。要するに文が終わったら必ずマルをつけること。それだけです。ところがそれだけのことが案外実行されていません。**句点は字と同じか、それ以上に重要**ということが、よく認識されていないためでしょう。字をぬかす人はめったにいません。たとえば――

渡辺刑事が賊を追いけた。

と書くと「か」が抜けていますが、こんな文を書いて平気でいる人はめったにない。ところが――

渡辺刑事が賊を追いかけた

と書いて平気な人は意外と多いのですね。マルが抜けている。しかしこれは「か」を抜く以上に重大な欠陥で、文章ではないと極論することもできます。この場合はポツリとこの文だけ出したから問題は起きませんが、次の例はどうでしょう。――

渡辺刑事が賊を追いかけた車が三台並んでいた道路はせまかった

何のことかわかりませんが、もし強引に解釈するなら、「刑事が泥棒を追いかけるのに車を使っていて、それが三台も並んでおり、その並んでいる道はせまかった」ということでしょうか。マルを入れると、次のような文章になります。――

渡辺刑事が賊を追いかけた。車が三台並んでいた。道路はせまかった。

マルは、手紙でもメモでも、文の終わりには必ずうつ習慣にしておきましょう。文章が活字になるとき原稿のまま拾われると、とんでもない間違いのもとになったりします。

ところがこれと正反対に、マルがあるべきでないところへ植字工（またはワープロ入力者）が誤ってマルを加え、校正者も編集者も気付かぬまま公刊されることがかなりあります。私自身ときどきその被害をうけている。かつて月刊誌に書いた小論で、次のように二カ所にわたってこの種の誤りがありました。

〈その一〉さきに述べたように、庶民はモウケるためにモノで持つ。「買い占め」ではない。
〈その二〉そんな原理など論理的には知るよしもない。母は七十余年の生涯の「知恵」のひとつとして、この「貯金するバカ」を肌で知っていたとも言えよう。(『潮』一九七四年二月号)

右の二例とも原稿はひとつの文章であって、このように中間にマルなどはいっていません。だから〈その一〉は「……モノで持つ〝買い占め〟ではない。」であって、「モノで持つ」は「買い占め」にかかる言葉なのに、これでは正反対の「庶民はモウケるためにモノで持つ」という意味になり、庶民が資本家と同じことをしていることになってしまいます。(しかし、つづいて「〝買い占め〟ではない」とくると、またまた意味がひっくりかえるから、精密に読んでいる読者は「この筆者はアホじゃなかろうか」と思うでしょう。)同様に〈その二〉も「……知るよしもない母は、七十余年……」であって、「知るよしもない」は「母」にかかるのです。これではまるで私が「知るよしもない」ことになってしまう。

これが単純な機械的ミスであれば、たとえば「……モウケるた。めにモノで……」といった場合なら、読者もすぐにミスとわかります。そうではなくて、連体形として体言にかかる活用語尾が、たまたま終止形と同じために、植字工が勝手にマルを入れて文章を終わりにしてしまったわけです。こうなると、読者にもミスとわかる人が少なくなり、筆者がアホな文章を書いていると思われかねません。校正がしっかりしていれば、こういうひどい誤りは読んでいて論理的に気付くはずです。

## (2) テン（読点）のうちかた

さて、符号の中でも決定的に重要で、かつ用法についても論ずべき問題が多いのはテンの場合です。この章ではしたがってテンの用法に最も重点を置きます。

(1)の「渡辺刑事は血まみれになって……」という例文で、誤ったテンのうち方を紹介しました。これなどは例として極端だと思う人があるかもしれません。しかし実は、まずいテンの用法として最も避けねばならぬこの種の例など私たちのまわりにいくらでもみられます。たとえば新聞のコラムから――

……働きざかりと思われる年齢の人の急死が報じられるのをみると、ついいろいろと考えさせられる。病名が心筋梗そくだと元気にまかせて、過労をかさねたのではないかと思い、ガンだと、どうして早期発見できなかったのかと気にかかる。（『朝日新聞』一九七四年九月三〇日夕刊・文化面「日記から」）

右の例の「元気にまかせて」のあとのテンが問題です。これでは心筋梗塞が元気のモトになるかのようにも誤解されかねないけれど、そのあとの「過労を……」を読んで誤解を訂正する〝作業〟を、無意識ながら一瞬のうちに頭の中でしなければなりません。だからこのテンはその前（「心筋梗そくだと」のあと）に移すべきです。これは「移す方がいい」のではなく、「移さなければならぬ」テンです。なぜか。テンの位置は、ある日本語論の本がいうような「たぶんに語調という気分的なものに左右されて」いるのではありません。たしかにそういう文章も多いけれど、それはその文の筆者が間違っているのであって、日本語のテンのうち方にも大きな原則があります。この例文で考えてみましょう。

「病名が……」以下の文章には二つの受ける言葉（述語）があり、それらにかかる言葉の関係は次のようになっています。

病名が心筋梗そくだと ↙
元気にまかせて過労をかさねたのではないかと ↘
思い、

（病名が）ガンだと
どうして早期発見できなかったのかと ↘ ↙ 気にかかる。

つまり、それぞれの述語に二つずつ「かかる言葉」がついている。こういうときは、二つのかかる言葉の間にテンをうてば論理がハッキリします。三つのかかる言葉なら、その境界にテンは二つになる。たとえば――

病名が心筋梗そくだと
自分自身そんな生活をしながらも
元気に任せて過労を重ねたのではないかと ↘ ↓ ↙ 思う。

これにテンをうつときは、次のようにそれぞれが切れるところへ置けばよいわけです。

病名が心筋梗そくだと、自分自身そんな生活をしながらも、元気に任せて過労を重ねたのではないかと思う。

以上の検討によって、**「長いかかる言葉が二つ以上あるとき、その境界にテンをうつ」**という第一の原則がまず確認されました。

こういうことをいうと、なんだか構造式を書きながらでなければテンもうてないかのように思われるかもしれないけれど、そんな必要は全くありません。自分で書いた文章を読みなおしてみて、変だと思ったときにだけ、こうした原則を参考にすればよいのです。

では、次の重要な原則をさぐってみます。いま認めた原則があっても、かかる言葉が短ければテンは必要ありません。たとえば前章の例でいうと――

AがBをCに紹介した。

これは三つの言葉が「紹介した」にかかっていますが、どこにもテンはいりません。もちろん「Aが、Bを、Cに紹介した」と書いても誤解はされませんが、こういうことをしていると、他の重要なテンとの区別がつかなくなります。ということは、**重要でないテンはうつべきでない**ともいえるわけであり、これは原則といってもよいほど注意すべきことがらでしょう。

この例文の変形として、次のような例がありました。――

私がふるえるほど大嫌いなBを私の親友のCにAが紹介した。

このように、あの「長い順」の原則どおりの場合は、テンがなくてもそれほど問題はありません。抵抗なく、誤解もなしに読めます。しかし、短い「Aが」を冒頭において逆順にしてみると――

Aが私がふるえるほど大嫌いなBを私の親友のCに紹介した。

もちろんこれは〝反則〟だから読みにくい文です。しかし、このとき「Aが」のあとにテンをうってみたらどうでしょう。――

Aが、私がふるえるほど大嫌いなBを私の親友のCに紹介した。

これなら誤解の恐れや読みにくさは激減します。すなわち**「語順が逆順の場合にテンをうつ」**――という第二の原則をたてることができる。これはもうそこら一面にドカドカ見られる型の文章です。とくに短い題目語「〇〇ハ」を冒頭におく文章は軒なみこれだと思ってよいでしょう（題目語については第五章で詳述）。そこでさきの例――

渡辺刑事は、血まみれになって逃げ出した賊を追いかけた。

これも「追いかけた」にかかる二つの言葉「渡辺刑事は」と「血まみれになって逃げ出した賊を」のうち、短い方を先に出した逆順文章だから、テンを入れなければならないのです。「渡辺刑事は」が後にあればテンは必要としません。しかし第一の原則（長いかかる言葉が二つ以上あるとき、その境界にテンをうつ）があるから、ここで次のようにテンをうってもよいでしょう。

血まみれになって逃げ出した賊を、渡辺刑事は追いかけた。

なぜ「必要」ではないかというと、二つのかかる言葉といっても、ここでは後の「渡辺刑事は」が句ではなく、かつ長くないからです。

誤解・曲解を防ぐための、すなわち「わかりやすい文章」のための重要な大原則は以上の二つですが、その他のテンについても考えてみます。

**テンというものの基本的な意味は、思想の最小単位を示すもの**だと私は定義したい。マルで切れる文章は、これらの最小単位を組みあわせた最初の「思想のまとまり」です。だから人体にたとえると、テンで切る部分を思想の細胞とすれば、マルで切る一文は組織の最小単位——たとえば筋とか血液とか毛とか脂肪に当たるともいえましょう。これらの組織が集まって、次の単位としての小部分「段落」ができる。段落は指だの脛《すね》だの目玉だのに当たります。それらが集まって、さらに「章」という思想がまとまる。章は頭や胴体や腕のような、人体を構成する大きな部分です。そして最後に、ひとつの論文なり報告なり文学作品なりの思想全体——人体ができます。

なぜテンが思想の最小単位《い》か。たとえば「逆順」の場合も、この定義から一つの重要な意味を読みとることができましょう。すなわち、なぜ逆順にするかというと、筆者がそのものを多少なりと強調して提示したかったからなのだ。そこには「強調」という主観があらわされているのです。たとえば

——

Aが、私がふるえるほど大嫌いなBを私の親友のCに紹介した。

ここでなぜ「Aが」を逆順にしてアタマに持ってきたかというと、筆者は「Aが」を強調したかったのです。そうでなければ「Aが」という主格をアタマにする理由はありません。実はここのところが日本語のすぐれた性格なのですが、これについては第五章であらためて論じます。

たとえばまた、次のテンは何を意味するか。

Ⓐしかし、彼女の恋ごころはそんなことで消えるものではなかった。

Ⓑだが、そうはゆかなかった。

例文の「しかし」も「だが」も、ひとつの接続詞にすぎません。ここで筆者がテンをうったのは、この接続詞の持つ反転の意味をとくに強調したかったからです。とくに強調したくないのであれば、「しかし彼女の……」「だがそうは……」とテンを省けばよろしい。

Ⓐ父は死んだ。

Ⓑ父は、死んだ。

右の二つの文章がどう違うかは、もはや明らかでしょう。これがどのような状況の中に置かれるかによって、筆者はⒶかⒷかを使いわければよい。Ⓐはひとつの思想表現ですが、Ⓑは二つの最小単位の思想をあらわしているのです。言いかえれば、前記の二大原則のテン以外は、**筆者の思想としての自由なテン**といえましょう。

正しい原則と正しい思想単位とで書かれた文章は、テンのところで息をつくようにして朗読してみると、聞いていてもたいへんわかりやすいものです。一種のリズムも持っている。（だから「読点」というのでしょう。）名文といわれるものの多くはそのような文章です。参考までに、私が学生のころ自分の文体に影響を受けた二人――井伏鱒二氏と梅棹忠夫氏の文章をあげておきます。

山椒魚は悲しんだ。

彼は彼の棲家である岩屋から外へ出てみようとしたのであるが、頭が出口につかへて外に出ることができなかつたのである。今は最早、彼にとつては永遠の棲家である岩屋は、出入口のところがそんなに狭かつた。そして、ほの暗かつた。強ひて出て行かうとこころみると、彼の頭は出入口を塞ぐコロップの栓となるにすぎなくて、それはまる二年の間に彼の体が発育した証拠にこそはなつたが、彼を狼狽させ且つ悲しませるには十分であつたのだ。（井伏鱒二『山椒魚』筑摩書房版「現代日本文学全集41」）

六月四日の夕方、わたしたちはパキスタンとアフガニスタンの国境線に到着した。

国境は、ひろびろとした大平原のまん中にあった。地平線から横なぐりにかッと照りつける夕日をあびて、われわれの二台の車は、のろのろとアフガニスタン領にすべりこんだ。すぐ看視所につく。わたしたちは旅券を見せる。（梅棹忠夫『モゴール族探検記』岩波新書）

右は二つとも冒頭（書き出し）の文章です。これをテンとマルで切りながら朗読してみると、そのままで実にわかりやすく、自然で、したがって正確かつ論理的です。私は自分で書くときも、むろん声には出しませんが、頭の中で読みながらテンをうっています。右の二例を検討してみてもわかるように、テンは決して無駄なところにうたれていません。かならず理由のあるところ、それだけにうたれています。すなわち、テンのうち方について厳密な要求をするなら、前に原則として述べたように、必要なところ以外にはうつなと極論することもできましょう。

テンのうち方は、言語や国境の壁を超えて共通の原則があることを、波多野完治氏の『文章心理学入門』は次のように書いています。

外国文でも（日本文のように）口調でコンマを打つことはある。しかしこの口調は「文章」においては、やはり統辞論の方から規定されているのである。単なる口調で打つことはいやがられる。そのような点（コンマ）は打たぬがよいとされているのである。外国文では一般にコンマのたくさんある文は、現代文としてすぐれたものではない。統辞論上、どうしても仕方のないところにだけ、文章法の上から切るべきところにだけ、コンマを置くのである。

自分の文章について私自身反省してみると、無駄なテンがとくに多いとはいえないものの、厳密な意味では不要と思われる例もときどき目につきます。これからはもっと注意して減らしてゆくつもりです。

以上に述べてきたような原則の上で、打ってならないところに打たれているテンの実例をあげてみましょう。そんな実例はいくらでもころがっていますが、たまたま手にしている雑誌から拾ってみました。

わたしをつかまえて来て、拷問にかけたときの連中の一人である、特高警察のミンが、大声でいった。（『世界』一九七五年六月号・一〇五ページ）

右の一文にはテンが三カ所にうたれています。しかしこれまでに述べてきた統辞論からみると、すべて不必要でしょう。とくに二番目（……一人である、特高……）は、不必要どころかうってはならぬテンです。なぜか。すでに読者にはおわかりの方が多いでしょうが、解答の前に同じタイプの誤りをもう二つあげておきます。この奇妙なテンがほとんど習慣化した人があるらしく、右の文章の筆者もその実例を各所で示しています。たとえば――

サイゴンのプロテスタントの社会奉仕団で働いている、何人かのアメリカの青年とも知り合いになる機会を……（同一〇六ページ）

本当の裁判所で裁判を一度も受けたこともないのに一五年もあるいはそれ以上も投獄されているという、年配の男の人や女の人に何人もあうことができた。（同一〇九ページ）

以上あげた計三例に共通する特徴は、テンの前が終止形と同じ語尾の連体形であること、つまりここでマルとなっても語尾に変わりがないことです。だからこそ、マルと誤解されないためにも決して打ってはなりません。そしてより重要な構文上の理由は、これがテンの原則の逆をやっている「反則のテン」であることです。第一例の場合でいえば、「ミン」にかかる言葉は次の二つです。

①わたしをつかまえて来て拷問にかけたときの連中の一人である↘

②特高警察の↘

ミン

第二章「かかる言葉の順序」を思い出して下さい。この例の場合、「句より節を先に」「長い言葉から先に」の二つの原則にあてはまり、したがってそのまま書き流さなければなりません。これが逆になるときはじめてテンが必要となります。すなわち——

特高警察の、わたしをつかまえて来て拷問にかけたときの連中の一人であるミンが大声でいった。

同様にして第二例の「青年」にかかる言葉、第三例の「人」にかかる言葉を検討してみれば、これらのテンは二重の反則であることが理解されましょう。いわば許しがたいテンなのです。ついでにいえば、第三例（本当の……）の場合もし打つとすればほかに打つべきところがあります。すなわち——

……一度も受けたこともないのに、一五年もあるいは……

理由は一〇四ページで述べた第一の原則「長いかかる言葉が二つ以上あるとき、その境界にテンをうつ」によるものです。ここでは「投獄されている」にかかる二つの修飾語の境界が「……のに、一五年……」なのだ。しかしこの場合は二つの修飾語の長さに比較的差があり、次のように前者の方が長いから、テンは「必ず打つ」ほどのことはなく、「打つとすれば」の程度です。

①本当の裁判所で裁判を
一度も受けたこともないのに
②一五年もあるいはそれ以上も
→投獄されて……

もし②が「一五年も」だけのもっと短い修飾語だったら、テンは打たない方がよい方へ傾きます。「あるいはそれ以上も」が加わって長くなったから、ここで打ってもよい方に傾いたのです。仮に、さらに「一五年もあるいは三〇年以上もの長い期間にわたって」とするなら、①と②がほとんど同じくらい長い修飾語になるから、テンは打つべき場所となります。

以上の検討によって、構文上必要な本当のテンの原則は最初に挙げたわずか二つだけであることがわかってきました。文章を論理的でわかりやすくするためには、構文上のテン以外は可能な限り打たぬことですが、原則以外の重大なテンとしては、前述の「思想の最小単位」のテンがもちろん存在します。この自由なテンを別次元として、「構文上以外のテン」とは、たとえばナカテンまたは「分かち書き」のかわりにテンを使うような場合です。——

太郎や次郎、三郎、四郎は別として、五郎だけはまさかそんなことをしないだろうと思ったのに。

右の最初の二つのテンは「……次郎・三郎・四郎は……」とナカテンとするか、または「……次郎三郎四郎は……」とテンなしにする方が、構文上のテン（……して、五郎……）の役割を侵害しません。よくあるのは分かち書きがわりにテンを使ってしまう例でしょう。——

すもももももももものいろ。

こんなものを「すもももも、もももも、もももも、ももいろ」などとやっていては、テンがいくらあっても足りないし、本来のテンの役割を侵害してしまいます。こういう場合は次のようなさまざまな工夫によってテンを避けなければなりません。

スモモもモモもモモ色。
李も桃も腿も桃色。
スモモもモモも腿も桃色。

以上で「打たなければならぬテン」の打ち方の二大原則と「思想の最小単位」としての自由なテンの説明を終わります。この「二大原則と思想のテン」によって、ほとんどすべての「テンの打ち方」を律することができるでしょう。

中学生の文法教科書を見ると、テンの打ち方については一言たりとも書かれていません。分厚いある国文法学習参考書でさえ、たとえば三〇〇ページを超える中でテンに関する記述はわずか一ページ半にすぎず、しかも「読点のうち方には、これでなければならないというきまりはないといえるし、文を書く人によってそれぞれ違っている。しかし、注意をして文を書いていけば、おおよそ、どのようなところにうてばよいかがわかるようになるだろう」といったセンスで触れているだけです。「注意をして文を書」くにしても、どのように注意すべきかが示されていない。これでは学習する方が途方にくれてしまいます。先生たちはどう教えているのでしょうか。これが自分の国の言葉を教えているはずの教科書や学習書の実情です。そのくせ他民族の言葉（「アングル語」など）ではコンマのうちかたを厳密に教えている。

最後に、ここで検討した「わかりやすい文章のために必要なテンの原則」（構文上の原則）をまとめて列挙しておきます。*

**第一原則　長いかかる言葉が二つ以上あるとき、その境界にテンをうつ。**

**第二原則　原則的語順が逆順の場合にテンをうつ。**

右の二大原則のほか、**筆者の考えをテンにたくす場合として、思想の最小単位を示す自由なテンがある。**これによって文章にさまざまな個性が生ずるが、それは「いいかげんなテン」ということとは正反対。

**「テンやマルのうちかた」のおさらい**

●引用の「　」は、正確に使わなければならない。

●並列の例示には・（ナカテン）を使い、氏名の中などでは〃（二重ハイフン）を使う。

●マルのない文章は間違いのもとになるので、必ずつける。

●テンは適当（いいかげん）にうってはならないし、うつべきテン、うってはならないテンがある。

●長いかかる言葉が二つ以上あるとき、その境界にテンをうつ（第一原則）。

●語順が逆順の場合にテンをうつ（第二原則）。

●筆者の思想としての自由なテンもある。

# 第四章
# 漢字の使いかた

日本語の国字は「漢字とカナの組み合わせ」となっています。その条件での「わかりやすさ」を考えてみましょう。

まず可能なかぎり漢字を使った場合です。実例は何でもいいけれど、手もとに堀川直義氏の『記事の書き方・直し方』という本があるので、この中の「漢字の数」という章から——

現代の日本文は、だいたい平がなと漢字のまじり合った文章であるが、そのまじり具合が問題なのだ。

これに「可能なかぎり」漢字を使ってみると次のようになります。

現代の日本文は、大体平仮名と漢字の混り合った文章であるが、其の混り具合が問題なのだ。

ここで送りがなの問題も起きますが、これについてはこの章の最後に少しふれます。右の例で「わかりやすさ」を考えてみると、明らかにひっかかるのは「大体平仮名」の部分です。（もし送りがなを極度に少なくした場合は「其混具合」といった書き方も可能であり、同様にひっかかる部分となります。）なぜこれがわかりにくくなるのでしょう。反対に全部をカナにしてみると——

げんだいのにっぽんぶんは、だいたいひらがなとかんじのまじりあったぶんしょうであるが、そのまじりぐあいがもんだいなのだ。

これもまた明らかにわかりにくい。すなわち漢字ばかりでもカナばかりでもわかりにくいのです。ということは、同じような形の字ばかり続くとわかりにくいということになります。「げんだいのにっぽんぶんは」というふうに書くと、読む側はカナの一字一字を拾って読まねばならず、ひとつのまとまった意味としての「現代」や「日本文」が、全くの基礎記号としてのアルファベットに分解してしまう。「げんだい」も「いのにっぽ」も「ぽんぶんは」も、言葉のまとまりとしては同格になってしまうため、読む側は瞬間ごとに一種の翻訳を強要されるわけです。漢字ばかりのときも同様で、「大体平仮名」とすると、「大体」も「体平」も「仮名」もまとまりとしては同格だから、意味の上でどこで切れるのかは、読者による一種の翻訳が強要されます。読みにくいはずです。このことは、ローマ字を国字としている言葉でも同じですから、たとえばアングル語（英語）で切れ目なしに書けば

——Thisisthefirstvolumeofmycollectedshortstories.

これでは実にわかりにくいけれど、単語ごとに分けると——

This is the first volume of my collected short stories.

となって、すぐに理解できます。（これはサマセット＝モーム短篇集第一巻序文の冒頭です。）しかし分けて書いても、全部を大文字にしたらどうでしょう。——

THIS IS THE FIRST VOLUME OF MY COLLECTED SHORT STORIES.

切れ目なしに書く場合ほどわかりにくくはないけれど、小文字の場合に比べるとわかりにくくなります。

なぜ大文字がわかりにくいか。それはみんな同じような形で、そろった大きさだからです。小文字であれば first とか my とかのように、上や下に突き出た棒や線があるため、印象が違ってきます。VOLUME も SHORT も大差ないが、volume と short とではたいへん違った「まとまり」です。つまり眼で見て違った〝絵〟が並んでゆくほど、パッと一目で早く読めることになる。

このように、カナにせよローマ字にせよイニュイ（エスキモー）文字にせよ、表音文字は分かち書きにしないと全く意味不明になってしまいます。こころみに日本語のローマ字でやってみましょう。

hasinohasikkonohôdehasiwootta.

これではわけがわかりません。しかし分かち書きにすると――

hasino hasikkono hôde hasiwo otta.

かなり読みやすくなりました。さらにカナにしてみます。

はしのはしっこのほうではしをおった。

これだって分かち書きのほうが読みやすいのです。

はしの　はしっこのほうで　はしを　おった。

しかしもっと読みやすくするには漢字を加えることです。

橋の端っこのほうで箸を折った。

こうすれば分かち書きをしなくてもわかりやすい。

以上の検討で明らかなように、漢字とカナを併用するとわかりやすいのは、視覚としての言葉の「まとまり」が絵画化されるためです。つまりローマ字表記の場合の**「わかち書き」に当たる役割を果たしている**ことになります。もともと漢字は絵から出発した象形文字を基礎としている上に、それ自体が意味をあらわす表意文字（より正確には単語文字）だから、ローマ字やカナに比べて視覚的なわかりやすさは抜群です。それにさらに「わかち書き」的な意味と表音文字としてカナを加えた日本語の国字は、その意味ではたいへん読みやすい方式ということもできましょう。

漢字とカナの併用にこのような意味があることを理解すれば、どういうときに漢字を使い、どういうときに使うべきでないかはおのずと明らかです。たとえば「いま」とすべきか「今」とすべきかは、その置かれた状況によって異なる。前後に漢字がつづけば「いま」とすべきだし、ひらがなが続けば「今」とすべきです。

Ⓐ
その結果今腸内発酵が盛んになった。
その結果いま腸内発酵が盛んになった。

Ⓑ
閣下がほんのいまおならをなさいました。
閣下がほんの今おならをなさいました。

右のⒶは「いま」、Ⓑは「今」の方が視覚的にすぐれています。ところが、こういうとき統一したがる人がいるんですね。「今」は漢字にすべきかカナにすべきか、などと悩んだ上に決めてしまうのは、愚かなことです。実例を見ましょう。——

ナポレオンは、倉庫にあるほとんどからの穀物貯蔵箱に、へりすれすれ近くまで砂をつめ、その上を残りの穀物やひきわりですっかりおおうように命じた。(『動物農場』角川文庫)

右のうち「……にあるほとんどからの」「……やひきわりですっかりおおうように」は読みにくい。

「……ほとんどカラの」「……ほとんどからの」「……ほとんど空《から》の」「……や挽《ひ》き割りですっかり被《おお》うように」「……やひきわりですっかり……」などと漢字や片カナや傍点を使えば解決します。

漢字とカナの関係の基本的原則は、こうした心理上の問題に尽きるといってもよいでしょう。となると、常用漢字の用法にも、当然つよい疑問が起きざるをえなくなります。常用漢字にないからといって、たとえば「書かん」「両せい類」などと書いたのでは、まるっきりわかりにくくなってしまうからです。「書翰」を「手紙」というように、単純に書きかえできるものはまだしも、例えばかつては「昆虫」の「昆」が使えませんでした*。だから「こん虫」と表記している本や新聞が普通でしたが、「昆虫」イコール「虫」ではありません（たとえばクモやゲジゲジは虫であっても昆虫ではない）から、「昆虫」の書きかえは不可能です。

そしてもうひとつの問題が、ここでいう漢字とカナの心理です。右の例のように「昆」という字が使えないとすれば、わかち書きとしての漢字カナまじり文の長所が完全に破壊されることになります。「こん虫」式に漢字を使って極端な文を作ってみれば、次のような日常的日本語さえも読みにくくなるのですから。

比とうは遣だい十四ぐん隷かのだい十六し団が、レイテ島しん出のめい令に接したのは、しょう和十九年四月五日であった。

これを原文にもどせば次のようにわかりやすくなります。

比島派遣第十四軍隷下の第十六師団が、レイテ島進出の命令に接したのは、昭和十九年四月五日であった。（大岡昇平『レイテ戦記』から）

このように考えれば、「こん虫」式の書き方をしてはならないと結論することができましょう。そのかわり「昆虫（こんちゅう）」と読み方を示すか、「昆虫《こんちゅう》」とルビをふることです。私は一般に漢字制限など無視していますが、むやみと漢字を使うのが「良い」ことだとは思いませんので、仕方のないときはルビを使っています。新聞記事では常用漢字を強制されるので、ルビを使うなり右のようにカッコの中で読み方を示すか、あるいは次善の策として「コン虫」というようにカタカナを使います。これだと少なくともわかち書きの作用を果たすことにはなりますから。

ではひどい実例を拾ってみましょう。

ここからはい草の睡眠用マットが大量に輸出されているが、同省はすでに七五年当時よりい草栽培面積を七倍にも広げた。（『朝日新聞』一九七七年四月三〇日朝刊七ページ）

この文で「い草」が藺草《いぐさ》のことだとわかるまでに一定の〝時間〟を要しました。前のカナとの親和性が強いから「はい草」（ハイソウ）と読んだりします。これなどはイグサと書けば直ちに解消する問題なのですが。次の例はどうでしょう。

その対象は、庁舎警備、電話交換からごみやし尿の収集、さらに、母子寮、老人ホームにも及ぶ。（『朝日新聞』一九八六年六月九日夕刊）

「からごみやし」って何のことだろうと一瞬とまどいましたが、「し尿」が「屎尿」と気付けば容易に理解できます。制限漢字を機械的にカナにするからこうなるのですが、リクツで文章を考えて読者のためを思えば、こういう鈍感な文字づかいはできないはずです。こんなとき「屎尿」が使えなければ、「シ尿」または「シニョウ」とカタカナにするなり「しにょう」と傍点をうつなりで分かち書きができるものの、こんな言葉を使わずに「大小便」といった言いかえを考えたり、「便所（あるいは厠《かわや》）のくみとり」などと別の表現にしてもよいでしょう。次の例も同様です。

熊本工高出身、朴とつそのままの川地君。（『朝日新聞』一九八二年一月一四日夕刊）

「朴とつ」は「朴訥」ですが、これも「朴トツそのまま」とするだけで誤解を防げます。しかし基本的には、「朴訥」がだめなときは別の言葉に言いかえるなりルビを使うほうが良く、漢語の成語を半分ちぎってカナまじりにすべきではありますまい。

次の例はどうですか。

この地位がいつまでもつかわからないからこそ、市側は引き留めに必死の努力を払ったのだが、

……（『朝日新聞』一九八八年一一月一九日朝刊）

カナがあまりに長くつづくと、わかち書きのないローマ字文章と同じことになります。こんなときは「この地位がいつまで持つかわからないからこそ」「この地位がいつまでもつか分からないからこそ」などと漢字を使うべきでしょう。梅棹忠夫氏は原則として訓《くん》をすべてカナにし、音《おん》だけ漢字にしていますが、あまりにカナがつづくときはわざと漢語をつかってわかち書きの役割をはたさせています。（いまここで「わざ」に傍点を加えたのもわかち書きの役割が目的です。）次の例もこの次元の問題でしょう。

現在、海にそそぐ川の川口付近にたいがいみられ、都市をのせていることの多い平野はみな海中に没して、……（ＮＨＫブックス『森林の思考・砂漠の思考』一二五ページ）

右のなかで「にたいがいみられ」の部分が、読みなおさないとわかりませんでした。むろん「たいがい」は「大概」ですが、この漢字を使いたくないときは傍点を加えるか、「見られ」と漢字を入れるか、あるいは別の表現を考えるほうが良いでしょう。漢語をそのままカナで書くこのような例は、できるだけ避けたいものです。

＊

漢字とカナの組み合わせによる文章となると、どうしても送りがなの問題にふれざるをえません。しかし送りがなというものは、極論すれば各自の趣味の問題でしょう。ひとつの法則で規定しても無理が出てくる。ほとんど唯一の可能な法則化は、語尾変化可能な部分以下をすべて送りがなにすることです。たとえば「終る」という単語は「おえる」とも変化する以上、「終わる」としなければなりません。文の最後に出てくる「終」も「終わり」です。反対に「すくない」は「すくな」までが語幹だから「少い」と書くと、「すくなくない」は「少くない」になります。しかしこれだと「すくない」のか「すくなくない」のかわかりにくい。要するに一つの原則で統一することには無理があるのです。だから文豪たちの作品を見てください。なんと好き勝手にそれぞれの方法で送りがなを使っていることでしょう。送りがな問題は趣味に従って好きなようにすればよいということになります。

ただ、いくら趣味の問題とはいえ、同じ一人がいろいろ違った方法で書いてはまずい。あるときは「少い」と書き、あるときは「少ない」と書いたのでは、読む方が混乱します。あまり送らない傾向の人は全文を常にそうすべきであり、送りたい趣味の人は常に送るべきです。私自身は比較的よく送るようにしています。「住い」を「すまい」と読ませたり、「始る」を「はじまる」と読ませるのは、読者に一種の翻訳を強要することになりがちです。やはり「住まい」「始まる」としたい。しかし誤解のおそれのあるもの、たとえば先の「すくない」は「少ない」がいいでしょう。したがって「すくなくない」は「少なくない」となります。

さて、漢字とカナの組み合わせが「わかち書き」の役割を果たすとなると、読点（テン）との関係で少々困ったことが起きます。すなわち、さきに第三章でテンの打ち方を考えたときは、もっぱら論理としての原則でした。ところが一般に使われているテンの中には、単に「わかち書き」のために打たれている例が多いのです。となると、わかち書きという物理的なテンが、論理としてのテンを侵略して重大な破綻をもたらすことになりかねません。これでは第三章の原則が成りたたなくなります。

結論として、わかち書きを目的とするテンは一切うたないことです。その結果どうしてもカナばかり続いて読みにくいところができてしまったらどうするか。まず漢字、次いで傍点やカタカナを考えてみる。それでもダメな場合は、ほんとうにわかち書きをすればよいのです。手紙や日記など、手書きで書くときはこれは簡単だし、実際そうやっている人も多いでしょう。しかし活字やワープロなどの場合は一字ぶんあけます。たとえば「あけまして　おめでとうございます」のように。しかし一字ぶんでは広すぎるので、半分の「半角アキ」（二分アキ）にして「あけまして おめでとうございます」とするほうが良いかもしれません。これは幼児用のカナばかりの本によくみられます。しかし実際には、そこまでしなければならぬ例は案外すくないと思います。

ついでながら、外国語をカナ書きにするときの表記方法についてもふれておきます。音韻構造が日本語と全く同じ外国語というようなものはほとんど考えられない以上、表記法の異なる外国語をカナに移すことは不可能です。それはローマ字であろうとアラビア文字やレーヴァナーガリ（ヒンディー語の文字）であろうと変わるところはありません。たとえばアングル語（英語）のローマ字表記におけるtuと日本語のローマ字tu（ツ）とは発音が違います。これは日本語をヘボン式にしてtsuとしてみても、アングル語式に発音すれば決して日本語と全く同じ「ツ」にはならず、それに近くなるだけです。だからこそ日本語は日本式〈訓令式〉ローマ字でなければならず、アングル語式〈ヘボン式〉のごとき植民地型言語政策をとってはなりますまい。アイヌ語の音韻構造は日本語に近いのでカナ書きと実際との間に比較的違いが少ないほうですが、それでもアイヌ語式カナ表記として「ト゚」（tu）のような例が必要になります*。

**「漢字の使いかた」のおさらい**

●漢字は多すぎても少なすぎても読みづらくなる。

●「漢字」にするか「かな」にするかは、その前後で適当な方を選ぶ。無理に統一してはならない。

●文章における漢字は「わかち書き」の役割も果たしている。

●「こん虫」「い草」「し尿」など漢字とヒラカナの混用は、前後のヒラカナとくっついて読みにくくなるため、使うべきではない。

●送りがなは無理に統一する必要はないが、同じ筆者なら同じ方法で書くべきである。

# 第五章
# 助詞の使いかた

第四章までの作文技術は、基本的な考えかたとしては日本語だけのものではなく、さまざまな民族の言葉にも通ずるところの多い原則といえるでしょう。

しかしこの第五章では、日本語にとって非常に重要な品詞、すなわち助詞についての使いかたを説明します。といっても、これも日本語「だけ」の特徴とは言いがたく、日本語に近いとみられる言語、たとえばウラル語系やアルタイ語系とも似ていますから、あくまで「世界の言語のうち日本語を含めたある言語グループ」での話です。

助詞は非常に重要ですから、正確に使わないと意味が通じなくなります。小さいときから日本語で育った人なら、話すときには無意識ながらほとんど正確に助詞を使っているし、少しくらい間違っても表情や前後の情況に助けられて理解されるものです。しかし文章に書くとなると、表情や情況による〝援助〟がありませんから、注意して正確に使わなければならないわけです。

ほんとうは、ここで日本語の文法についてその特徴を論ずるべきなのでしょうが、実は文法学者によって非常に大きな違いがあり、しかもその違いは文法の根源的な核心部に及ぶために、軽々に論ずるのは避けたいと思います。中学生であれば学校で一応の日本語文法を教えられるでしょう。ただ作文技術という本稿の目的から一点だけふれておきたいのは、日本語における「主語」の問題です。

教科書にもよりますが、ここで私は結論だけ示し、もしそれと違っている教科書があれば、なぜ違うかを先生に聞くなり、あるいはほかの参考書を見るなりして、このこと自体を議論するのもおもしろいでしょう。

その結論とは、「英語」やフランス語といった西欧での主流言語におけるような主語が、日本語には存在しないことです。そのかわり重要な役割を担っているのが「述語」であって、述語以外はすべて平等にその補足的役割をはたしています。スワヒリ語や「英語」などは、反対に主語が強力な支配力を持っている言葉です。ある中学生用文法書から、この問題に関係する一文を引用しましょう。「英語」を例にして次のように説明されています。


「rainという単語は、それだけで『雨が降る』という意味をもっている。それなのに英語では、わざわざ、その前にitという主語をつけて、It rains. とする。見たところ、主語がなくても意味はわかりそうなものなのだが、それでも主語をつけるのである」（鷺書房『パターン式中学国文法』から）

なぜ「わざわざ」主語itを加えるのか。それは「英語」が、いやでも何でも、どうしても「主語」

を必要とする言語なので、不要な場合でもこうして帳尻あわせをしなければならないからです。[*] あえて悪口を言えば、主語を必要とする言語を選んでしまった民族が、その不都合さに悲鳴をあげているのがこの「形式上のイット」だと、言えなくもありませんね。

ただし、日本語でも中学生用教科書などで「主語」という言葉がかなり使われています。これはしかし、右のような意味での主語と性格が全く異なり、あくまで「日本語としての主語」であることを知っておいて下さい。中学生になると「英語」を習う学校が多いので、「英語」における主語(subject)がそのまま日本語の主語と同じだと考えやすいのですが、両者の性格は非常に違います。これは「英語」の形容詞(adjective)が日本語のそれとは非常に違うようなもので、極論すれば各言語の品詞の性格は大なり小なりみんな違うとさえ言えます。しかし主語の場合は誤解されることがよくあるので、できれば別の日本語が望ましいところです。本書では「主格」と、このあとで説明する「題目(語)」とを、作文上の重要な言葉として使いますが、主語は必要ないので使っていません。

右のような意味で、主語が強力な支配力を持つ言語に対して、述語中心の日本語は実に自由です。それでは以下に、その「自由な日本語」を成りたたせている核心部ともいうべき助詞について具体的に説明しましょう。

助詞の数は学者による数え方で多少の違いはありますが、現代語だけでも四〇―五〇、古典語も加えると八〇以上にもなります。そのすべてについての研究書や解説書がありますが、ここでは特に重要な助詞として「ハ」を集中的にとりあげ、次いでは使い方に注意を要する助詞として「マデ」「ガ」「ト」の三つについてふれることにしましょう。あとの助詞は、専門家は別として、ほぼ常識的な理解でよろしいかと存じます。

## (1) 象は鼻が長い——題目の「ハ」

まず実例をあげましょう。つぎのような簡単な文で考えてみます*——

①母が私に彼を紹介した。

この場合は、語順としてどれが先にあっても意味に変わりはありません——

②母が彼を私に紹介した。
③私に母が彼を紹介した。
④私に彼を母が紹介した。
⑤彼を母が私に紹介した。
⑥彼を私に母が紹介した。

このように、「紹介した」という述語に対して「母」も「私」も「彼」も自由な関係にあるのが日本語ですから、どれが〝主語〟ということはありません。要するに「紹介した」をめぐって三人が平等な関係にあるのです——

母が ↙
私に ↓ 紹介した。
彼を ↘

しかしこれがアングル語ですと、「母」だけを強引に「主語」とし、しかもそれが述語までも支配して、たとえば三人称単数現在ならSがつく、といった主従関係にありますから、平等では全くないし、語順も決まっています——

My mother introduced him to me.

ところが、ここで「ハ」を使うと事態は変わってきます——

㋑母は私に彼を紹介した。
㋺彼は母が私に紹介した。

ハ私には母が彼を紹介した。

「ガ」の場合は三人が平等だったのに、「ハ」となると平等ではありません。かといって「主語」でもない。この「ガ」と「ハ」の違いこそ、日本語の文の構造の根幹にかかわるところなので、学者による議論も盛んです。しかしここでは「ハ」の役割について、少なくともこれは確実とされている結論だけ示しましょう。

「ハ」は、文の**題目**を示す助詞とされ、学者によっては**主題**とか**提題・話題**などともよんでいます。そこでこの例の場合、イは「母」が題目として取りだされているので、「母」が最も強く「紹介した」にかかります。あとの「私」と「彼」の二者は平等な関係です。意味としては、「母が紹介した」ことが中心で、「私」と「彼」とはその付属物というか、補足している言葉となるわけです。

ということは、題目語にされた「母は」はその中に「母が」も含んでいることになり、「母が↓母が+は↓母は」となった結果であることがわかります。* だからこの場合の「ハ」は「ガ」を**兼務**しているわけです。

同じことがロについても言えます。これは「彼」を題目として取りだしたため、「彼を↓彼を+は↓彼は」となったのであり、この場合の「ハ」は「ヲ」を兼務している。意味としては「彼」が強く「紹介した」にかかるので、「彼についていえば」とかいった内容を含みます。

㋩は「私」を題目として取り出したのですが、「ガ」や「ヲ」と違ってこの場合の「ニ」は兼務できないため、消えずに残って「私に↓私に＋は↓私には」となりました。

このように、題目としての役割を担う「ハ」は、「ガ」と「ヲ」の他に兼務する助詞として「ノ」があります。「ニ」も、位置格なら兼務できます（例「会場（ニ）ハ体育館が良かろう」）。「ノ」については三上章（一九〇三―一九七二）という文法学者が挙げた例「象は鼻が長い」が有名です。「象の鼻が長いこと」という題目なしの名詞句から「象」を題目として取り出した結果、「象の―象の＋は―象は」となりました。

あまり文法用語を使いたくないのですが、このように「ハ」という係助詞（「かかり助詞」とも「けい助詞」とも）は、四つの格助詞ガノニヲを兼務して題目を示す役割を担っています。

さらに注目しておきたいのは、この題目としての役割がテンやマルをも越えてしまうことです。つまり四つの格助詞ガノニヲは、それぞれがついた言葉（名詞など体言）と他の言葉との関係が一つの文の中で完結しているのに対し、ハはその文をはみ出して次の文にまで役割を担うことがいくらでもあります。実例で説明しましょう。

花ガ咲いた。

梅ノ花が咲いた。
花見ニ行った。
花ヲ折らないでね。

これらはそれぞれ完結した文と言えます。しかしたとえば——

花ハ咲いた。

とするとき、これだけでは落ちつきません。「それがどうしたんだ」と聞きたくなります。前か後に何かが潜在しているからです。つまり「花ハ」が題目を示しているために、示しっぱなしで単に「咲いた」とするだけでは、題目にする〝価値〟がありません。この前になにか関係するような文脈があるとか、この後に関係する説明がつづくのでなければ落ちつかないのです。しかし「花ハ咲いた」が一つの文であることもまた、文法的には確かです。そこで「花ハ」という題目が、他の文をも支配することになってゆきます。これを三上章は「ピリオド越え」と言いました。この例で説明しますと——

花ハ咲いた。ようやく咲いた。彼にとって待ちに待った梅の花だった。

右の場合のハの役割は、次のように三つの文に及びます――

花ハ咲いた。
花ハようやく咲いた。
花ハ彼にとって待ちに待った梅の花だった。

これはハが後の文についてマル（句点＝ピリオド）を越えて支配する例ですが、前の文に及ぶこともできます――

梅の花が彼の病状に関係していた。咲くときまで持てば好転する可能性があった。そして三月一五日、花ハ咲いた。

このように、ハはマルを越えて役割が及ぶくらいですから、テン（読点）を越えること、三上章のいう「コンマ越え」など、もちろん当然の役割です――

花ハ咲いたが、すぐ散ってしまった。

なお、題目であっても語順としては、第二章の「長い順」に従うのが原則です。

## (2) 蛙は腹には臍《へそ》がない——対照の「ハ」

「ハ」の重要な役割として、題目のほかに対照があります。学者によっては対比とか限定ともよびますが、これは題目という大きな役割から派生したとみることもできるので、別の項目として立てるのは不適当かもしれません。どちらとも分け難い例もあります。しかし目立つ役割ではあるので、やはり説明しておきましょう。たとえば——

象ハ鼻が長いが、猫ハ鼻が短い。

この二つのハは象と猫の鼻を比較対照する役割を担っています。しかし「象ハ鼻が長い」というとき、すでに「象ハ」自体に他から象だけを「とりだす」意向が主題として働いているので、ほかの動物との対照が潜在することになります。「猫ハ鼻が短い」と加えることで、その潜在が顕在化し、完結するわけです。したがって題目であれ対照であれ「とりだす」点は共通ですから、内容によって判断します。おもしろい例をあげてみましょう——

蛙の腹にハ臍《へそ》がない。

この場合、題目のハとすれば「蛙の腹について言えば、臍がないのである」と陳述しているわけですが、対照のハとすれば「蛙の腹には臍がないが、背中かどこか別の所に臍がある」ともとれるし「狸の腹には臍がある」ともとれます。しかし蛙に臍がないという事実はすでによく知られているので、「背中かどこか別の所」とは解釈されないだけです。また題目としての陳述にせよ、狸などとの対照が潜在しています。

対照のハが、さきの象と猫のような重文で二つ出てくる場合ははっきりしていますが、単文に二つ出てくると要注意です。たとえば――

蛙ハ腹にハ臍がない。

これですと二番目のハが対照となって、蛙は腹には臍がないけれど「背中かどこか別の所にある」とする解釈が普通です。さきの「蛙の腹にハ……」であれば、もうひとつ別の解釈として「狸の腹にハ臍がある」が可能だったのに、「蛙ハ腹にハ……」ですとそれができなくなります。

となると、「蛙ハ腹にハ臍がない」という日本語は、論理的・文法的には言えても事実は違うので、つまり背中かどこかに臍があるわけではないので、これは「文」としても実用にならないわけです。ただし、もともと臍は腹にあるものですから、本来なら「蛙にハ臍がない」とすべきなのに、腹には臍があるものという常識を破るおもしろい典型として蛙が選ばれ、わざわざ「腹」が加えられたのがこの慣用句です。トカゲも臍がないけれど、トカゲの腹では「腹らしさ」が不足していますからね。まともな文章を考える上では変則的で好ましくありませんが、ハという助詞を考える上では面白い例でしょう。ともあれ「ハ」が二つ（またはそれ以上）のときは、最初が題目、二番目が対照（対比・限定）となるのが普通です。

それでは、「ハ」が二つある文としてごく一般的な場合を示しておきます。前述の三上章が示した例――

Ⓐ今日ハ僕ハ行けない。

Ⓑ僕ハ今日ハ行けない。

Ⓐですと「今日は僕は行けないから諸君だけで行ってくれ」とか「弟なら行けるが」といった意味になりますが、Ⓑでは「僕の都合のつく他日なら一緒に行きたい」とか「昨日なら行けたのに」など

の意味になります。

©俺ハ小さいころハよく寝小便をしたものだ。

二番目のハは対照ですから、「今ハ寝小便をしない」ことが暗示されています。こんなとき「俺ハ」がなくてもいいので、「小さいころハ」の一つのハだけで対照を示し、これだと題目でもあるので、こんなところにも「ハ」が題目兼対照となる性格が見えます。

実は、二つのハのとき最初が題目、二つ目が対照という解釈は必ずしも鉄則ではなく、とくに話し言葉（会話）では対照が最初にくることも珍しくありません。しかし書き言葉（文章）では区別しないとわかりにくくなりますから、原則として対照は二つ目以下とすべきでしょう。会話ですと対照の方が高い調子（イントネーション）の発音で区別されることが多いようです。*

## （3）彼はいつも速くは食べない――否定での「ハ」

題目や対照としての「ハ」の役割について説明してきましたが、ハの使い方で最も間違いやすい場合について、とくに項を改めて強調しておきます。

それは、否定の用言（動詞など）とセットにして使われる場合です。実例で説明しましょう。食事をとる時間について次の五つを比べてみて下さい。

Ⓐ彼はいつも速く食べない。（ハなし）
Ⓑ彼はいつもハ速く食べない。
Ⓒ彼はいつも速くハ食べない。
Ⓓ彼はいつも速くハ食べない。
Ⓔいつも彼は速くハ食べない。

それぞれの意味は次のようになります。

Ⓐ彼は例外なく常に遅い。無対照。

Ⓑ彼は普通は遅いが、例外がある。

Ⓒ彼は普通は速いが、常に速いというわけではない。

Ⓓハが「速く」だけにつくので、遅いわけではないが「少なくとも速くは食べない」ていどの意味。Ⓒと同じでも発音上は傍線の部分が強調（プロミネンス）となる。

Ⓔ書き言葉でⒹをⒸと区別するために、「いつも」と「速く」を分離した。

これらの違いが明確にされていない例がよくあります。とくにⒶを書いて当人はⒷかⒸのつもりでいる場合が実に多いのです。新聞や本など、公刊されているものでも少なからず目にします。実例をあげましょう。

運輸省の話では、シンガポール海峡は、東京湾、瀬戸内海のように巨大船の航路が決められ、対向船が違うルートを運行するよう航路が分離されていない。（『朝日新聞』一九七五年四月一九日朝刊三面）

これはいったい、東京湾と瀬戸内海は航路が分離されているのか、いないのか、どちらでしょうか。この文章で考えるかぎり、どちらかわかりません。仕方がないので旧運輸省に電話して確かめたところ、分離されているとのことです。それならば、これは次のようにハを入れなければ「ハ抜け」の欠陥文です。

運輸省の話では、シンガポール海峡は、東京湾、瀬戸内海のようにハ巨大船の航路が決められ、対向船が違うルートを運行するよう航路が分離されていない。

しかしながら、それでもこの文章はヘタクソですね。わかりにくい。「文章教室」として改良してみましょう。理由の第一は、かかる言葉としての「シンガポール海峡は」と、それを受ける言葉「分離されていない」とが離れすぎていることです。第二に、文章上の必要なテンと、単語を並べるだけの不要なテンとが混在していること。それにこれは内容が対照（対比）なのですから、そのようにはっきりと二つのハを使えばよろしい。すなわち――

運輸省の話では、東京湾や瀬戸内海ハ巨大船の航路が決められ、対向船が違うルートを運行するよう分離されているが、シンガポール海峡ハ分離されていない。

右の中で「東京湾や瀬戸内海」の「や」は原文だとテンになっていた所です。これをテンにすると、第三章で説明したように、文章上の重要なテンを、ほかの重要でないテンが侵すことになりかねません。ここでは二つの固有名詞（東京湾と瀬戸内海）でしたから「や」を使いましたが、「と」またはナカテン（・）でもよいでしょう。もし三つ以上を並べるのであれば「東京湾や瀬戸内海・○○○・×××……」というようにナカテンが最も適しています。

脱線しすぎたようです。「ハ」の使い方が間違っている実例をつづけましょう。

イスラム社会における暗殺の思想は、他の社会における暗殺のそれのように暗さがない。すなわち暗殺者は「世の不正を正す」という善行とされ、来世における栄華が約束されると考えているからだ。（『朝日新聞』一九八一年一一月一八日夕刊「サダト暗殺の文化的背景」）

右の文中「……暗殺のそれのように暗さがない。」の部分は、これだとイスラム社会も「他の社会」もどちらも「暗さがない」ことになります。これは「……それのようには暗さがない」と、「ハ」を入れて「ナイ」とセットにしなければ、意味が反対になってしまうのです。もしハを使いたくなければ、「……それのような暗さ」と、「暗さ」を直接形容させてもよいでしょう。

次は新聞記事の大きな見出しです。

武器を運んでいたのか、いないのか
「完全にシロでない」
海保、きょうも調査続行（『サンケイ新聞』一九八二年一月二四日）

これだとリクツとしては「完全に『シロでない』」つまり「シロでは全然ない」と解する方がむしろ自然です。実は本文中では「完全にシロではない」となっていて、これなら「『完全にシロ』ではない」と理解することもできますから、より良いでしょう。しかしもっと正確には「完全にはシロではない」とするか、「完全なシロではない」とすべきです。「完全に」とすると「シロ」にも「ない」にもかかるので、次のどちらともとれますから。

①「完全にシロ」ではない。

②シロでは完全にない。

さきに①の方が「より良い」ものの論理的にはまだ不正確としたのは、②のようにも読めるからにほかなりません。

次の例も「ハ」なしの意味不明文です。

病院のベッドで三年間の闘病生活を送り、数度にわたる手術を受けたが、右足の機能は完全に回復しなかった。(『北海道新聞』一九八三年八月二六日夕刊「まど」)

これだと右足の機能は「全然回復しなかった」ととる方がリクツとしては自然です。しかしあとの文を読んでみるとどうも「不完全ながら回復した」意味らしい。それなら「完全には回復しなかった」とすべきです。次の例も同様——

十九日朝から始まった翌日開票でも期待通りに票は伸びず、谷川氏は「お力添えをいただいたみなさんに大変申し訳ない」と眼鏡奥の目をうるませた。(『朝日新聞』一九八三年一二月一九日夕刊)

この文では「票が伸びない」ことを期待していたことになります。「期待通りには」と「ハ」を入れれば逆に「票が伸びる」ことを期待していたことになるのですが。

つぎにあげる例は、ある教科書にのっていた詩です。五節のうちの最初の一節(六行)だけ引用します。

わたしを束ねないで
あらせいとうの花のように
白い葱《ねぎ》のように
束ねないでください　わたしは稲穂
秋　大地が胸を焦がす
見渡すかぎりの金色《こんじき》の稲穂

この詩だと、「あらせいとうの花」や「白い葱」は、束ねられているのか、いないのか、論理的にはわかりません。この場合「白い葱」は一般の人にとって「束ねられている」というイメージが定着していますから、意味としては「束ねられている」と解釈されましょうが、「あらせいとうの花」となると、予備知識のある人は少ないのではないでしょうか。詩の中に「白い葱」の例がなくてアラセイトウの例だけだったら、当のアラセイトウは束ねられているのかいないのか一層わかりにくいでしょう。「あらせいとうの花のようには」と「ハ」をつければこの混乱は解消します。

「詩にまでリクツをこねるな」と叱られそうですが、実は詩だからこそ一層厳密にしてほしい。それに、この詩の作者が常に「ハなし」だというのであればともかく、最終の節の中では次のようにハが現れるではありませんか。

そしておしまいに「さようなら」があったりする手紙のようには
こまめにけりをつけないでください　わたしは終りのない文章

右のように「手紙のようには」とハがここだけついて正確になっています。詩的リズムの上からハをつけたりつけなかったりでしょうか。しかし係助詞ハは、そんないいかげんなものではありません。

日本語の論理の根幹をなす重大な助詞なのですから。

## （4）来週までに掃除せよ――マデとマデニ

まず次の実例をごらん下さい。

外から店へ帰って来てみると、留守中に保健所員が衛生検査に来て、二匹いる飼いネコをこんど自分が来るまで始末しておけと言ったそうだ。まるで戦前の憲兵を思い出す。（『朝日新聞』一九七一年二月七日朝刊「声」欄）

この文の筆者は、次の二通りの意味のどちらを表現したかったのでしょうか。

Ⓐ保健所員が次回にまた訪ねてくるから、そのときには既にネコが始末されてしまっているようにせよ、と言われた。

Ⓑ保健所員が次回にまた訪ねてくるが、今からそのときまでの間だけ始末しておき、以後はまたネコを元通りに置け、と言われた。

小学生の国語の問題みたいですが、筆者はもちろんⒶを表現したかったのでしょう。しかしこの文章ではⒷになってしまいます。文法的に全く逆になるのです。筆者は「来るまでに始末……」と書けばよかったのに。

「マデ」と「マデニ」の区別。この大変な違いのわからないオトナが案外たくさんいるようですが、これは一体、最近のことなのでしょうか。こういう人々は次の二つの文章の違いも区別がつかないはずです。

Ⓒ来週までに掃除せよ。

Ⓓ来週まで掃除せよ。

Ⓒは一週間の余裕をもってその間に一度だけ掃除すればいいけれど、Ⓓはなにか刑罰みたいに一週間掃除しつづけることを意味します。

官庁の文書にもこのひどい間違いは目につくんですね——

ご記入いただきましたアンケート用紙は、同封の返送用封筒をご使用の上、恐れ入りますが、12月24日までご投函下さるようお願い致します。(建設省住宅局の調査票・一九八〇年)

右によれば、記入したアンケート用紙は一二月二四日まで毎日ポストに入れつづけることになります。いや「毎日」かどうかわからないから、ポストの前で何十枚もの用紙をドンドン入れつづけることか。これは「……二四日までに……」としなければ意味をなしません。

限定の範囲の異なる助詞の使用法を誤ると、このようにたった一字で論理の重大な食い違いを生ずるので注意して下さい。久野暲氏はマデ・マデニ・マデデの三つを次の好例によって区別します（『日本文法研究』）。

列車ガ名古屋ニ着ク ｛マデ／マデニ／マデデ｝ 雑誌ヲ読ムノヲヤメタ。

マデは「読むのをさしひかえ続けた」の意味、マデニは「名古屋に着く以前に読むのをやめた」の意味、マデデは「名古屋に着くまで読み続け、着いたときにやめた」という意味です。もうひとつ「マデハ」を加えてみると、ハという対照（限定）の助詞によって「名古屋に着くまでの間は読まなかったが、そのあとからは読んだ」（または「少なくとも名古屋までの間は読まなかった。そのあとは別として」）となりましょう。

### （５）少し脱線するが……　――接続助詞の「ガ」

たとえば「カモノハシは哺乳類だが、鳥類のように卵を産む」というときの「哺乳類だが」は、「哺乳類だけれども」とか「哺乳類なのに」という意味です。つまり「が」のあとには逆の内容が来るので、この場合の接続助詞「が」は逆接（順接の反対）の働きをしていることになります。

しかしこのような意味の接続助詞「が」は、たとえば平安時代の中ごろにはまだなかったようで、有名な例は『源氏物語』の冒頭です。――

> いづれの御時にか。女御・更衣あまたさぶらひ給ひけるなかに、いと、やむごとなき際にはあらぬが、すぐれて時めき給ふありけり。（山岸徳平校注「日本古典文学大系14」岩波書店）

右の「あらぬが」のガは、接続助詞ではなくて格助詞です。だから口語訳は「貴い身分ではないけれども」ではなく、「貴い身分ではない方で」としなければなりません。（これを山岸氏は格助詞の中の指定格に所属するものとし、「物で・物にて・物にして」に相当する機能を示しており、「物」の代わりに「人・事・様」など適当な名詞が考慮されるべきことを解説している。）

そのような格助詞から現代の接続助詞が派生してきたわけですけれど、しかし現代の接続助詞ガは、決してケレドモやナノニ・ニモカカワラズといった逆接条件だけに使われているのではありません。これが問題なのですね。例文をみて下さい――

豚肉の自由化に当って、農林省は、安い外国産品から、国内産品との差額を関税として取り立て、結局、安い豚肉は国民の手にはいらないことになるという話。その間、経企庁もペテンにかけられたというのですが、こうした役人のいい加減な国民無視の行政態度の責任はきびしく追及されてしかるべきだと思いますが、大蔵省理財局長時代に、硬骨漢として知られた、あなたのご意見をうかがいたい。(『週刊新潮』一九七一年九月二五日号)

これは会話体ですが、普通の文章でもこの種の「ガ」がよく現れます。「ペテンにかけられたというのですが」と「しかるべきだと思いますが」の接続助詞「が」は、どういう役割なのでしょうか。すこし脱線しますが、――と書いて、はてこの「が」は何だろうと考えました。つづいて逆の内容を書くつもりではなかったのですから。(「脱線しますが転覆はしません」とすれば逆接ですが。)それならばこれは「すこし脱線します。」と文を切るべきではなかったか。その方がはっきりします。それならなぜ今それに「が」をつけたのでしょう。では、もう一度もとにもどって――

すこし脱線します。このような「が」について私が最初に教えられたのは、清水幾太郎氏の『論文の書き方』（岩波新書）でした。新聞記者になりたてのころ、北海道でこの本を読んで、この「が」を論じたところにとくに感心したものです。学生のころ自分が書いた論文や紀行文をかえりみて、この種の「が」が特別多くはなかったことに安堵するとともに、今後は意識的になくそうと思いました。それでも油断していると、いま「すこし脱線しますが」とやってしまったように、つい顔を出したがるのですね。清水氏の本から一部を引用しましょう——

（「が」の用法には）反対でもなく、因果関係でもなく、「そして」という程度の、ただ二つの句を繋ぐだけの、無色透明の使い方がある。（中略）前の句と後の句との単なる並列乃至無関係が「が」で示されているのであるから、「が」は一切の関係或は無関係を言い現わすことが出来るわけで、「が」で結びつけることの出来ない二つの句を探し出すことの方が困難であろう。二つの句の関係がプラスであろうと、マイナスであろうと、ゼロであろうと、「が」は平然と通用する。「彼は大いに勉強したが、落第した。」とも書けるし、「彼は大いに勉強したが、合格した。」とも書けるのである。「が」という接続助詞は便利である。一つの「が」を持っていれば、どんな文章でも楽に書ける。しかし、私は、文章の勉強は、この重宝な「が」を警戒するところから始まるものと信じている。（中略）眼の前の様子も自分の気持も、これを、分析したり、また、分析された諸要素間に具体的関係を設定したりせずに、ただ眼に入るもの、心に浮かぶものを便利な「が」で繋いで行けば、それなりに滑かな表現が生まれるもので、無規定的直接性の本質であるチグハグも曖昧も表面に出ずに、いかにも筋道の通っているような文章が書けるものである。なまじ、一歩踏み込んで、分析をやったり、「のに」や「ので」という関係を発見乃至設定しようとなると、苦しみが増すばかりで、シドロモドロになることが多い。踏み込まない方が、文章は楽に書ける。それだけに、「が」の誘惑は常に私たちから離れないのである。

さきの例文で考えてみます。「経企庁もペテンにかけられたというのですが」は、「……ペテンにかけられたといわれていますが」で切ればいいし、次の「きびしく追及されてしかるべきだと思いますが」は「……しかるべきではないでしょうか」とでもすればよい。

もちろん、このような「が」は片端からそこで文を切れと言っているのではありません。もし意味がわかりやすいのであれば、いくらでもつないでいけばよろしい。この種の「が」を使われたとき困るのは、読者がここで思考の流れを一瞬乱されるからです。「が」ときたら、それでは次は逆接かな、と深層心理で思ったりしても、それはあとまで読まないとわかりません。それだけ文章はわかりにくくなる。これが対話として語っているときだと、文章になったときほどわかりにくくはないでしょう。抑揚や表情その他が補ってくれます。しかし作文のときには、よほど注意しないと意味のわかりにくい文章の原因になりかねません。

結論としてこう言えるでしょう。「が」を逆接以外*に使うときは、それがわかりにくい原因とならない場合に限るよう注意して、いいかげんな気分では使わないこと。作文にさいしてこの点に注意するだけでも、清水幾太郎氏もいうように、論理的な文章を書くための勉強になるでしょう。

## (6) サルとイヌとネコとがけんかした――並列の助詞

たとえば、「クジラ・ウシ・ウマ・サル・アザラシは哺乳類の仲間である」というとき、アングル語などは「クジラ、ウシ……and アザラシは……」という並べ方をします。つまり and は最後のひとつにつけ、あとはコンマで並べていく。ところが翻訳でもこれと全く同じ調子で「クジラ、ウシ、……そしてアザラシは……」としている無神経な著述家があります。しかしこの表現は、日本語の原則にはなじみません。正しい日本語にそのまま置きかえるなら、and に当たる助詞を次のように前にもってくるべきです。

「クジラやウシ・ウマ……アザラシは……」

同様に「と」「も」「か」「とか」「に」「だの」「やら」「なり」なども、ひとつだけ使う場合は次のように最初の単語につけるのが日本語の原則です（×印はすわりの悪い方）。

○出席したのは山田と中村・鈴木・高橋の四人だった。
×出席したのは山田・中村・鈴木と高橋の四人だった。

○ヘビもトカゲ・カメ・ヤモリ・スッポンも爬虫類だ。
×ヘビ・トカゲ・カメ・ヤモリもスッポンも爬虫類だ。

○黒水引の袋には「御霊前」とか「御香典」・「御仏前」などと書く。
×黒水引の袋には「御霊前」・「御香典」とか「御仏前」などと書く。

○雨か雪・霙《みぞれ》・霰《あられ》・雹《ひょう》かはそのときの気象条件による。
×雨・雪・霙・霰か雹かはそのときの気象条件による。

○花子に鹿子・月子・節子・晃子の五人が見舞いに来た。
×花子・鹿子・月子・節子に晃子の五人が見舞いに来た。

右の中で「も」と「か」は全体の最後にも「も」「か」をつけます。この点は「と」もその傾向があり、論理的にはむしろ「と」をつける方がよいことが多いでしょう。

Ⓐイヌとネコとサルがけんかした。

Ⓑイヌとネコとサルとがけんかした。

この二例ではⒷの方がより論理的です。なぜならⒶだと「イヌとネコ」とサルがけんかした、つまりサルがイヌとネコの同盟軍とけんかしたととれないこともありませんが、Ⓑなら三者入り乱れてのけんかであることが明白です。もっともⒶでイヌとネコの同盟軍であることを「と」によってハッキリさせるなら——

サルと、イヌとネコととがけんかした。

と、テンと共に二重に「と」を使うことも可能です。

以上にのべたような特徴は、「アングル語」などが前置詞的言語であるのと反対に日本語が後置詞的言語であることと深く関連するようです。たとえば久野暲氏の次の指摘が参考になりましょう——

英語の並列接続詞andは、その後に来る要素と続けて発音されるが、日本語の並列接続助詞は、その前に来る要素と続けて発音される。

○John　and-Mary
×John-and　Mary

○John is stupid *and*-slow.
×John is stupid-*and* slow.

×太郎　ト花子
○太郎ト　花子

×John ハバカダ　シノロマダ。
○John ハバカダシ　ノロマダ。

日本語の後置詞性は、日本語がＳＯＶ語であることと何か深い関係があるに違いない。Greenbergは、世界の言語にあてはまる普遍的特徴として、ＳＯＶを正常の語順とする言語の大部分が後置詞的であると観察している。（大修館書店『日本文法研究』四ページ）

右のSOV語とは、語順として目的語（O）が動詞（V）の前に現れる言語のことです。日本語のほかペルシャ語・インド語・ビルマ語・チベット語・バスク語・ラテン語・朝鮮語・アイヌ語など世界にたくさんあります。反対にSVO語はアングル語・スペイン語・フランス語・ベトナム語・ロシア語・中国語など、どちらかというと言語帝国主義的な、俗な意味で有名な言語に多く、こんなことから日本の植民地型知識人の「日本語の特殊な語順」といった無知も出てくるのでしょう。なおアイルランドのケルト語はVSOだそうです。S（主語）が存在しない言語の場合、日本語などがそれに属するとすればOVと表すことになり、問題はOVかVOかだけになります。

ところで、トという格助詞がつぎの例のように使われる傾向があるのは比較的最近になってから、とりわけ新聞記事でみられるようになったと思います。

初日の開会総会には、日本側二百二十九人、ソ連側二百十四人と、昨年、ハバロフスク市で開かれた第一回会議を約二百人も上回る四百四十三人が出席する盛況ぶりだった。（『朝日新聞』一九八五年六月九日コラム「深海流」）

しかし、議会構成は住宅受け入れ派が十四人と、反対派の十人を上回り、富野市長とことごとく対立。議会多数派は昨年五月、それまでの弾薬庫の……（『朝日新聞』一九八六年三月三日夕刊ト

ップ）

右に傍点をつけた「と」は、直接的には「という数字にみられるように」が省略された文体とみられますが、意味としてはそれぞれ「……ソ連側二百十四人が出席し……」「……住宅受け入れ派が十四人に達して……」といった言葉が省略されてトで代用しているかたちです。しかしこの用法は読み手に負担を強いることになります。前の例だと「……二百人も上回る……」あたりまで読まなければ、トの意味がすぐにはわからない。後の例はもっとひどく、「……十四人と反対派の十人……」のようにテンがないため、このトは「および」の意味にとられかねません。「……上回り」まで読んで「『およびではない」ことに気づくのですから。

こういうトは、話し言葉であれば息つぎや調子によって誤解をふせげるでしょうが、文章のなかではなるべく避けるべきです。

＊

以上で助詞の用法を一応終わります。日本語の助詞は、このように言葉のわかりやすさ・明晰性・論理性を強める上でたいへん重要な役割をになっています。義務教育での日本語教育・作文教育は、「日本語そのもの」ではなくて「日本語について」の周辺を洗っているだけではないでしょうか。助詞の正確な用法は小学校高学年くらいからでも訓練すべきだと思います。中学の文法教育にしても、まだ確定したわけでもない文法を暗記させるより、助詞を正確に使って作文することを訓練する方が、本当の生きた日本語教育になるでしょう。一生使わぬ人も多い他民族語の「英語」などを義務教育の全中学生に勉強させて苦しませた上、つまらぬ劣等感を植えつける結果をもたらすよりも、私たちの母語としての日本語にこそ義務教育で重点を置くべきではありませんか。

**「助詞の使いかた」のおさらい**

- 作文技術における「助詞」は、会話のさいのような表情や調子の助けがないので、文法的正確さを要する。
- 題目の「ハ」は格助詞「ガ・ノ・ニ・ヲ」を兼務し、その題目としての役割がテンやマルを跳び越えることもある。
- 対照の「ハ」は、題目の「ハ」のあと二つ目以降の「ハ」に出てくるのが普通である。
- 否定文で「ハ」が抜けると意味不明になるので、十分な注意が必要である。
- 「マデ」と「マデニ」では意味が全く異なるので、「マデニ」の意味のときは決して「ニ」を抜かさないこと。
- 接続助詞の「ガ」は、逆接に使う以外では注意して使うようにする。
- 「ヤ」「ト」「モ」などの並列の助詞は、ひとつだけ使う場合は最初の単語につける。

# 第六章
# 改行を考える

第五章までは、せまい意味での「文」そのものについての作文技術でした。しかしこの章では、テンの打ち方や助詞など個別の問題よりも、「何を書きたいのか」といった内容にかかわる技術について、ごく初歩的だけれども重大な、しかもおろそかにされやすい問題をとりあげておきます。

それは、……とここで私は改行しました。つまりこの改行（行がえ）こそがその問題なのです。詩や短歌などの韻文と違って、随筆であれ論文や小説であれ、散文の場合は改行による段落（パラグラフ）ごとの区切りがあります。ひとつの作品に丸ごと改行がない例もないわけではないけれど、ごく特殊な例外です。

区切られた段落は……とここで二度目の改行をして三つめの段落に移りました。ここまでに二つの段落が示されています。段落というものは、やや大げさに言いますと、そこで「思想」なり「言いたいこと」なりの一単位を示しているのです。したがって勝手に変更してはなりません。

たとえば、……と三度目の改行です。ここで実例をあげるために一区切りしました。以上までの三つの段落の場合、これ以外の文の切れ目（マルの所）で改行してはならないし、改行している所を続けてしまってもいけません。「……段落ごとの区切りがあります。ひとつの作品に丸ごと……」となっている二番目の段落の中のマル（……す。ひ……）で改行したら、この段落の思想が引きさかれてしまうし、逆に段落最後の「……ごく特殊な例外です」で改行しなかったら、次の段落の思想と癒着してしまいます。それはもう「欠陥文章」と言ってもいいでしょう。

改行はそれほど重要な意味をもっているからこそ、ここで章をあらたにして論ずるのです。段落のいいかげんな人は、書こうとしている思想もまたいいかげんで、不正確で、非論理的だとみられても仕方がないでしょう。外山滋比古氏は『日本語の論理』という著書で次のように主張します。

たいていの人間は、文章を書くときに、自分はふだん、どれぐらいの長さのパラグラフを書いているか、ほとんど自覚していない。改行をつけるのも、まったくでたらめで、だいぶながくなったからそろそろ改行しようか、などと言って行を変えている。パラグラフの中をどういう構成にするかをはっきり考えたことはほとんどないのだからやむを得ないが、これではよい文章が書きにくいわけである。また、書けた文章がしっかりしない骨なしみたいになる道理である。

まず、基本的文章を読んでパラグラフの感覚を各人がもつように努力することである。書く方でもパラグラフを書く練習がもっと必要であろう。段落の観念がはっきりしないから、文章に展開のおもしろさも生れない。

第三章の一〇九ページであげた井伏鱒二氏の例を見てください。これは冒頭の一行「山椒魚は悲しんだ。」だけで、もう最初の段落がつけられています。すなわちこの短い文だけでまとまったひとつの思想単位を示しているのです。ひとつの思想単位を示すのに短いこともあれば長いこともあるのは当然のこと、「だいぶながくなったからそろそろ改行しようか」などという馬鹿げた改行は、しようと思ってもできないはずです。井伏氏の文の場合、次の段落はこの例文の終わるところ（「……には十分であつたのだ。」まで）ですから、こんどはやや長い。こうして段落を考えながら再読してみれば、最初の一行「山椒魚は悲しんだ。」はどうしても改行の必要なこと、行をかえなければ、、、ならぬことが、あらためて理解されましょう。もしこれをつづけてしまったら、人体にたとえるとまるで手の小指を切って肘《ひじ》に移植するようなものです。改行は必然性をもったものであり、勝手に変更が許されぬ点、マルやテンと少しも変わりません。

ところがわが祖国日本では、編集者にこの常識のある人が残念ながら意外に少ないのですね。どういうわけか小説家の作品の場合は、段落を勝手に編集者がいじらぬ常識がけっこうゆきわたっている。詩の行を勝手につなぐことができないのと同じ感覚でしょうか。しかし、実は小説以上に論文などの方が勝手な改行は許されないのです。それを、筆者に相談もなく、勝手に段落をかえる編集者が多すぎます。しかしそんな横暴がはびこるのも、いいかげんな文章を書く者が多すぎるせいなのかもしれません。「そろそろ改行しようか」くらいの感覚で書いている筆者が多ければ編集者も鈍感になってくる。雑誌などの場合、余白との関係でつい改行でごまかしたくなることが多いけれど、これは必ず筆者と相談の上でしなければなりますまい。

段落がそのようなものであれば、ときには一行で改行することもあるかわり、延々と何ページにもわたって行をかえぬこともあるのは当然です。有名な長い例はサルトルの小説『自由への道』でしょう。その第三部第二章は、実に一冊の本の半分に当たる量全部がひとつの段落で、つまり一章一段落、改行ゼロ。サルトルはそうしなければならなかったのです。それが一番彼の思想表現に適していると判断したのですから。マルセル＝プルーストなどもたいへん段落の長い文体の例でしょう。

私自身、この問題で怒ったり奮闘したりした経験がかなりあります。長い段落の例でいうと、ルポルタージュ『極限の民族』第三部「アラビア遊牧民」の最終節「アラビア半島の横断」は、ふつうの本の四ページぶんくらいの長さですが、改行がひとつもありません。最初このルポが新聞で連載されたときは、この節全体を一回ぶんとして圧縮し、原稿用紙（四〇〇字）で四枚ていどですが、やはり改行が全くありませんでした。ところが、この原稿を見た整理部（せまい意味の編集係。見だしなどをつけるところ）の担当者が、どこか二、三カ所で行がえをしてくれと、社会部の担当デスク（次長）を通じて言ってきた。私はもちろんことわりました。

しかし、こうなると整理部もメンツの問題になってきます。こんな原稿は『朝日新聞』の有史以来前例がないという。私はべつにサルトルをまねたわけでは全くなく、このルポを読んだ人はわかってくれると思いますが、広大なアラビア半島を横断するときの文章として私にはこれが最も適した段落の方法でした。それは私の思想表現の手段であり、文体だったのです。しかし単なるヒラ記者では、このとき自分の主張を貫く権力はありません。論理よりもメンツが優先しました。(のちに本にするとき私はすべての改行を復元してつないだ上、もっと文章を加えて長くしましたが。)

別の例では、雑誌に発表した論文や随筆などを集めてある雑文集を出したときのことです。その中に「メモから原稿まで」という一文がありました。ところが本が出て見たら仰天です。いたるところ勝手に改行されているではありませんか。たとえば冒頭の部分は次のように——

小学生の上級から中学にかけて、私はマンガを描くことに熱中したことがあります。そのとき痛感したのは、描くための最も初歩的な知識の書いてあるような「マンガの教科書」がないことでした。

鉛筆やペンはどんなものがいいのか。紙は？　色の使い方は？　墨は？……。ですから、マンガの原稿は実際の大きさよりもかなり大きく描かれるなんてことも知らず、細かなところを実物大に苦心して描いたりしました。このごろはマンガや動画・劇画の大発展のせいか、マンガの描き方に類する良い本も出ています。

ところで梅棹忠夫氏の『知的生産の技術』(岩波新書)もいっているように、「良い文章」を書くための本、文章読本、つづり方教室の類はたくさんありますが、原稿そのものの技術についての本は、あまり見かけません。

これは私がかつてマンガを描くときに感じたことが、文章の世界では今もなお現実であり、マンガ以下だということなのでしょうか。

メモ以前のことについては他の巻の技術講座（講座『探検と冒険』朝日新聞社）で説明されるはずですから、ここでは……（以下略）

右の例文の中に改行は四カ所あります。しかし原文では二カ所しかありませんでした。したがって他の二カ所は編集者による横暴の結果です。どの改行がそれに当たるかは、内容をみれば気付かれるでしょう。宿題としておきます。

小説家の、とくに流行作家の中には、まるで一センテンスごとに片端から改行する人があります。マルをうてばすぐ改行です。印刷された紙面をみると、こういう文章は隙間《すきま》だらけですね。これもなるほど一種の文体ではあります。ポルノ小説やハードボイルド小説などはこの方が雰囲気が出るのかもしれません。「一枚いくら」で売るときの原稿料かせぎだという噂もききます。隙間だらけで枚数がはかどるから。しかし普通の論文や報告など、多少とも主張をもった文章を書く場合、こういうことはほとんど考えられません。こんなことをしていたら、本当に改行したいようなときはどうするのだろうかとも思います。

段落の意味が以上のようなものであることを理解すれば、どこで改行すべきかはおのずから明らかでしょう。もし改行すべきかどうか自分でわからないとすれば、それはもはや論理的な文章を書いていないということです。再び人体にたとえると、まとまった足指・まとまった脛・まとまった腿《もも》が、関節によってしっかり結びつけられてゆくのでなければ立派な足（脚）にはなりません。

長い文章や単行本だと、次に来るのが「章」です。また人体にたとえれば、これは足・腹・頭といった大きな部分です。これについてはもはや多言を必要としないでしょう。人体という全思想を形成するための大きな構想です。自分の例でいえば、ひとつのルポルタージュなり長篇論文なりを書くときは、まず目次を作るつもりでおおざっぱに章を立ててみます。一章あたりたいていは一枚のカードを用意し、各章でどんなことを書くかを、そのカードに思いつくままメモしておく。単行本一冊になるほどの長いルポの場合、取材が一応すんだと思われる時点でこの作業をやってみると全体の見通しが立ちます。その結果まだ取材不足のものがあればもう一度取材にかかるわけです。

段落の重要性を認識すれば、原稿の書き方にも配慮が必要になってきます。行の途中で文が終わって改行するときはよろしい。そうではなくて次のような場合はどうですか——

次ページの図の実例は、この第六章のはじめの部分です。改行を見てください。「……とりあげておきます。」は行のちょうど終わりにきています。したがって改行であるかどうかを植字工（あるいはワープロ入力者）が見て判定する手段は、次の「それは……」で一字さがっていること、それだけしかありません。すなわち、ふつうは改行を示す手段として二重の手が使われているのです。行の途中で終わることと、次の冒頭を一字さげることと。しかしこの例では、改行の標識としてその半分しか用をなしていません。となると、植字労働者がまちがえないように完全標識にして渡せばミスが防

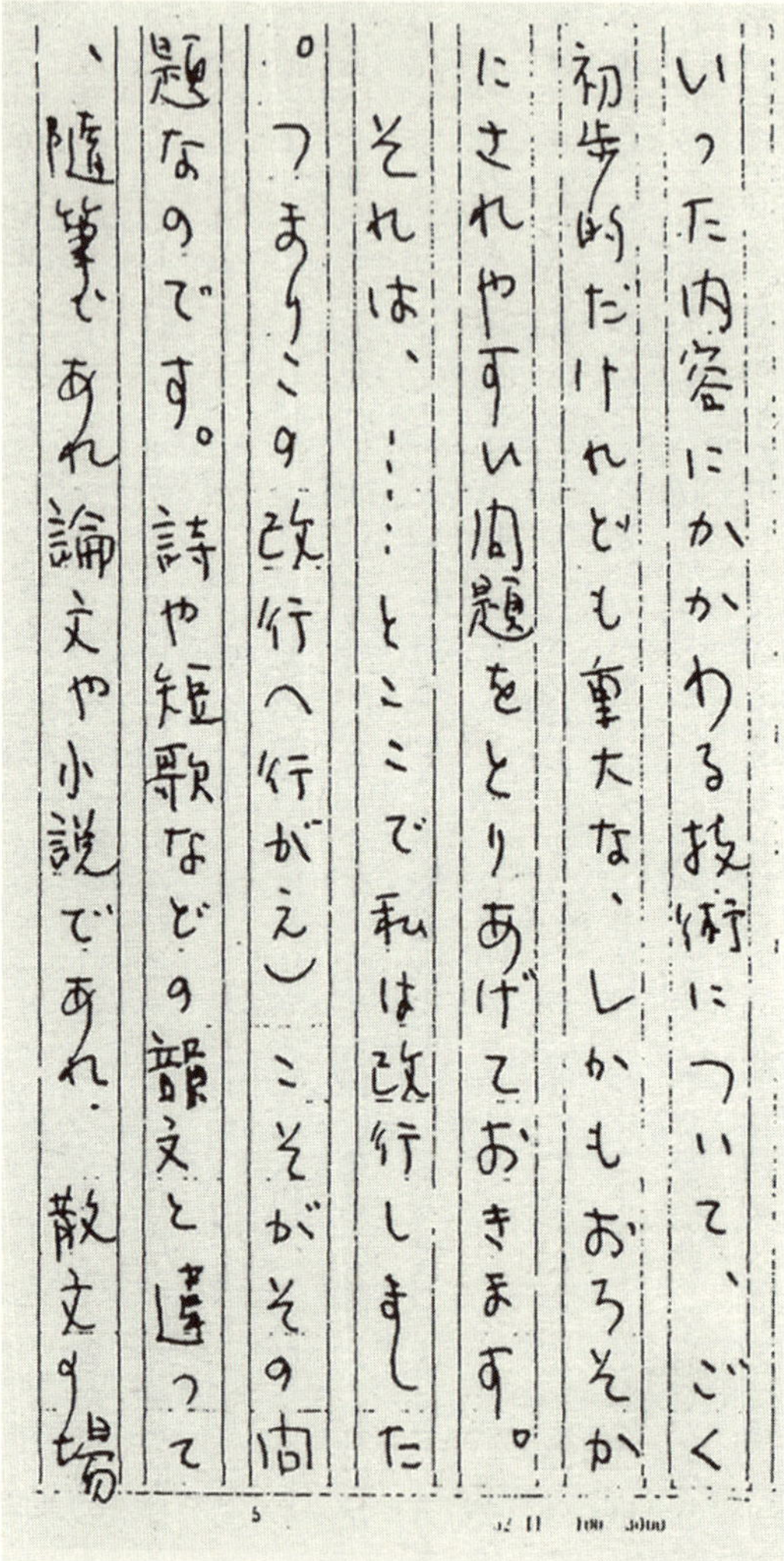
いった内容にかかわる技術について、ごく
初歩的だけれども重大な、しかもおろそか
にされやすい問題をとりあげておきます。
それは、……とここで私は改行しました
。つまりこの改行（行がえ）こそがその問
題なのです。詩や短歌などの韻文と違って
、随筆であれ論文や小説であれ、散文の場

止されやすいでしょう。実は、私のこの原稿が雑誌に発表されたときそのようにまちがえられていたのです。ゲラ刷りで発見して直したから、本になったときは訂正されていますが。

こうした場合には段落の最後の一字か二字ぶんくらいを削って、次の行に移せばよろしい。わざわざ一行ふやして完全標識にするわけです。原則として私はこれをやっているのだけれど、この時は忘れていました。

この実例ではもうひとつのミス防止措置が必要です。右図の改行して一行目の最後「……とここで私は改行しました。」を見てください。ここでマルが一字分ハミ出しているために、次の行におくられて、二行目のアタマがマルから始まっています。その二行あとのテンも同様です。このような原稿をよく見かけますが、これにはかなり問題があります。ぶざまだというわけではありません。まず、ここで字が一字ぶん下がっているために、眼の悪い植字労働者などは、つい改行と見あやまる恐れがあるのですね。ゴミのような小さいマルを書く人のものならなおさらです。もうひとつは、マルやテンが次の行にあるために拾い忘れて、文が切れずにつづいてしまうこともある。したがってハミだしのテンやマルは次の行へおくらずに、原稿の下へそのままチョウチンとしてぶらさげる方がよろしい。私は「ぶらさげる」というほど下へもってゆかず、原稿用紙のマスメの線のすぐ下か、あるいは線に重ねてうつ。そうしておいて、なおも「ここにマル（テン）がありますよ」と注意をうながす意味で、これを「く」印でかこって目立たせます。右の二つのミス防止措置をさきの実例に加えると、原稿は次のように改良されます。行の最後がマルになる場合にこのようにして次の行へ一、二字おくる作業は、行の最後がチョウチンになる場合もむろん同様です。

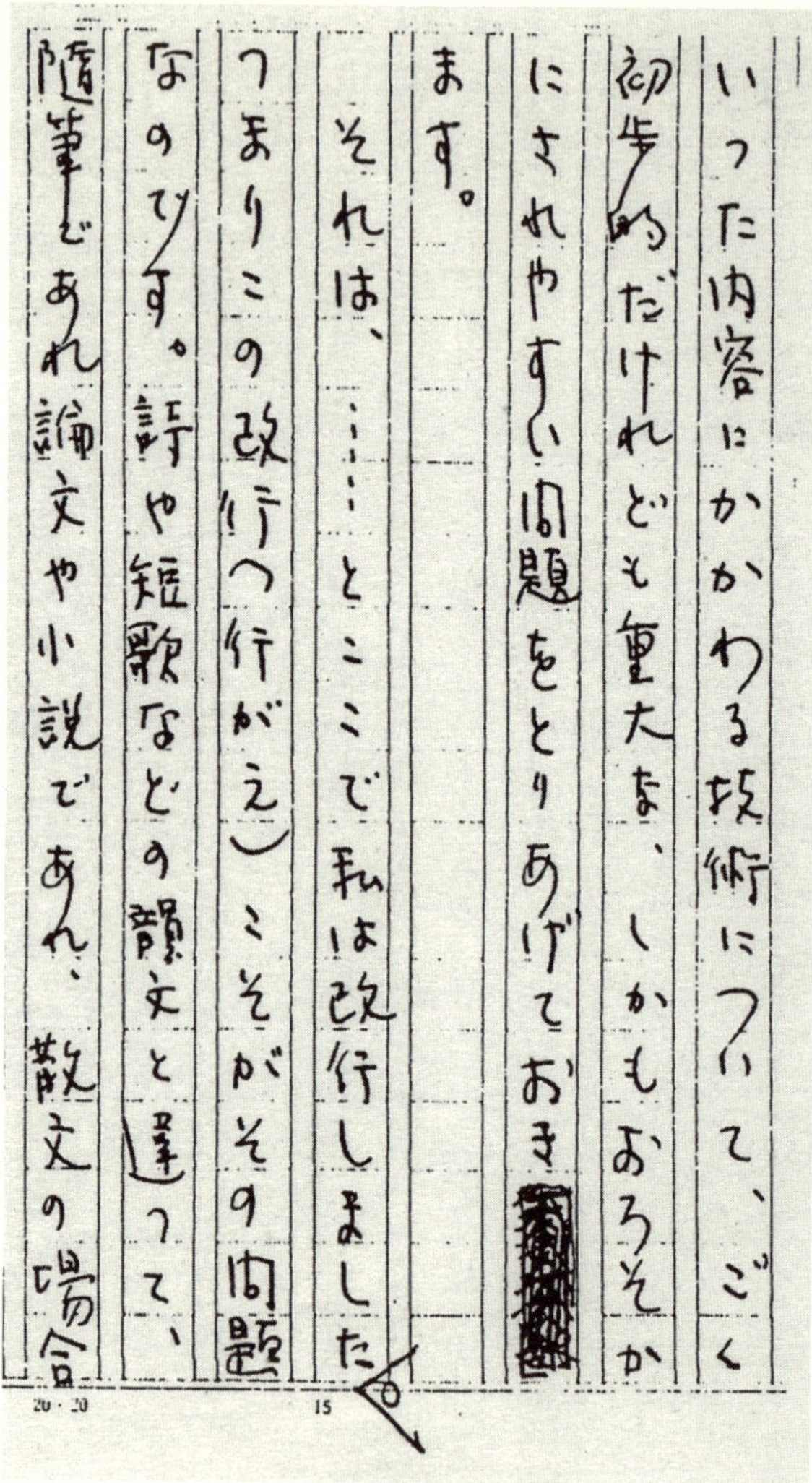
いった内容にかかわる技術について、ごく
初歩的だけれども重大な、しかもおろそか
にされやすい問題をとりあげておき[redacted]
ます。
　それは、……とここで私は改行しました
つまりこの改行（行がえ）こそがその問題
なのです。詩や短歌などの韻文と違って、
随筆であれ論文や小説であれ、散文の場合
20・20　15

以上に述べたような原稿のための作業は、ワープロやEメイルなど手書きではない原稿でも基本は同様です。これはしかし、文筆家が原則としてやっているわけでは決してありません。一般的にはここまで気をつかう筆者は、むしろ少ないかもしれません。しかし段落というものの重要性をほんとうに認識していれば、もし間違えられては大変と心配する結果、こうしたミス防止措置を考えざるをえなくなると思います。

最後にもう一度強調しておきます。段落はひとつの思想単位を示しているのです。いいかげんな気分で改行をしないよう心がけましょう。

**「改行を考える」のおさらい**

●「改行」は、必然性がある所でするのであって、文章が長くなったからといってするものではない。

●段落の長さは、その思想表現から一行で終わることもあれば、数十行から数頁になることもある。

●原稿用紙で改行するとき、文末がその行いっぱいになって余白がないときは、最後の数文字を削ってわざと一行増やすくらい慎重にすれば、間違いが起きなくてすむ。

# 第七章
# 無神経な文章

前章までで、文章をわかりにくくしている要素について日ごろ私が感じていたことの検討を終わります。この章からは、直接的にはわかりやすくても読者を引っぱってゆく力に甚だしく欠けるため、途中で投げだされてしまって結果的に「わかりにくい文章」と同じことになってしまう問題をいくつかとりあげましょう。何が読者を拒否するかといえば、つまるところそれは文章が無神経に書かれている場合です。書き手の鈍感さが読者を拒否することになります。

## (1) 紋切型

新聞の投書欄で次のような文章を読みました。全文引用しますが、人名だけは仮名にしました。

只野小葉さん。当年五五歳になる家の前のおばさんである。このおばさん、ただのおばさんではない。ひとたびキャラバンシューズをはき、リュックを背負い、頭に登山帽をのせると、どうしてどうしてそんじょそこらの若者は足もとにも及ばない。このいでたちで日光周辺の山はことごとく踏破、尾瀬、白根、奥日光まで征服したというから驚く。

そして、この只野さんには同好の士が三、四人いるが、いずれも五十歳をはるかに過ぎた古き若者ばかりなのである。マイカーが普及し、とみに足の弱くなった今の若者らにとって学ぶべきところ大である。子どもたちがもう少し手がかからなくなったら弟子入りをして、彼女のように年齢とは逆に若々しい日々を過ごしたいと思っている昨今である。(『朝日新聞』一九七〇年代の「声」欄)

一言でいうと、これはヘドの出そうな文章の一例といえましょう。でも筆者はおそらく、たいへんな名文を書いたと思っているのではないでしょうか。しかし多少とも文章を読みなれた読者なら、名文どころか最初から最後までうんざりさせられるだけの文章だと思うに違いありません。(もちろん内容とは関係がない。)なぜか。あまりにも紋切型の表現で充満しているからです。手垢のついた、いやみったらしい表現。それでは以下にこまかく具体的に説明しましょう。

「只野小葉さん。当年五五歳……」という書き出しは、明らかに次のスタイルをまねています(人名は仮名)。

毎日太郎さん――二三歳、一児のパパ、そして筋ジストロフィーの患者である。(『毎日新聞』一九七五年一〇月一八日朝刊・家庭面)

朝日次郎さん。四十九歳。青森市浅虫温泉出身。練馬区貫井三丁目に住む……（『朝日新聞』一九七七年九月二七日朝刊・東京版）

このスタイルが流行しはじめたのは、たぶん一九六五年前後からのことであろうと思われます。しかしこの方法を最初に使った人には私は敬意を表したい。新鮮な響きを持ちます。私の記憶では、これを初めて見たのは疋田桂一郎氏の文章でした。（もっともこれが疋田氏の〝発明〟かどうかは知らないが、ともかく流行以前ではあった。）疋田氏は私が新聞記者になりたてのころ、『朝日新聞』の社会部遊軍記者として活躍していたのです。ときどき社会面の大きなスペースをさいて出るルポの文章に、もうひたすら感嘆するばかりでした。独得の文体。鋭い視点。スキのない言葉の選択。かけだし記者の私は、何年ものあいだ疋田氏の文体やものの見方を手本にしていました。しかも疋田氏のえらいところは、自分の文体をも破壊してゆく点です。この「何野誰兵衛。五五歳……」式のスタイルも、流行しはじめるころには彼自身が使わなくなっています。

投書はそのあと「このおばさん、ただのおばさんではない」と書く。この表現がまた、どうにもならぬ紋切型ですね。助詞を省いたこの用法は、文自体に「笑い」を出してしまいます。落語家が自分で笑っては観客は笑いません。しかし「このおばさん、ただの……」とやると、もう文章が自分で笑いだしています。いい気になっているのは自分だけで、読む方は「へ」とも思わない。また「ただのおばさんではない」などと無内容なことを書くくらいなら、どのように「ただ」でないのか、具体的内容をすぐにつづけて書くべく、この部分は省略すべきでしょう。

「ひとたびキャラバンシューズをはき、……」も文自体が笑っています。つづいて「どうしてどうして」だの「そんじょそこらの」だのという手垢のついた低劣な紋切型がまた現れる。「足もとにも及ばない」も一種の紋切型です。さらに「ことごとく」「踏破」「征服」といった大仰な紋切型がつづいた末「驚く」と自分が驚いてしまいました。読んだ方は逆に全然驚きません。「三、四人いるが」と、あの不明確なガ（第五章）。つづいて「古き若者」という面白くもない文自体の笑い。「学ぶべきところ大」というような、これも紋切型の（「ぼやくことしきり」式の）修辞。最後にまた「……昨今である」という（「……今日このごろである」式の）大紋切型で終わりです。しかも後半の文は全部「である」で終わっています。

こういう文章を自分では「名文」だと思っている人がかなりあることの責任の一半は、たぶん新聞記者にもあるでしょう。ほとんど無数に氾濫している紋切型の言葉の中から、頭にうかぶものをいくつか列挙してみますと――

「ぬけるように白い肌」「顔をそむけた」「嬉しい悲鳴」「大腸菌がウヨウヨ」「冬がかけ足でやってくる」「ポンと百万円」……

雪景色といえば「銀世界」。春といえば「ポカポカ」で「水ぬるむ」。カッコいい足はみんな「小鹿のよう」で、涙は必ず「ポロポロ」流す。「穴のあくほど見つめる」という表現を一つのルポで何度もくりかえしているある本の例などもこの類でしょう。

こうした手垢のついた言葉は、どうも新聞記者に多いようです。文章にマヒした鈍感記者が安易に書きなぐるからでしょう。一般の人の読むものといえば新聞が最も身近なので、一般の文章にもそれが影響してきます。しかし鈍感記者ではない文章家も新聞記者の中にはかなりいますから、たとえばその一人たる入江徳郎氏の『マスコミ文章入門』(日本文芸社)は、紋切型の例として「――とホクホク顔」「――とエビス顔」「複雑な表情」「ガックリと肩を落とした」等々を論じたあと、次のように述べています。

紋切型とは、だれかが使いだし、それがひろまった、公約数的な、便利な用語、ただし、表現が古くさく、手あかで汚れている言葉だ。これを要所要所で使用すれば、表現に悩むことも苦しむこともなく、思考と時間の節約が可能になる。それ故に、安易に使われやすい。

しかし、紋切型を使った文章は、マンネリズムの見本みたいになる。自分の実感によらず、あり合せの、レディーメードの表現を借りるのだから、できた文章が新鮮な魅力をもつわけがなかろう。

紋切型を平気で使う神経になってしまうと、そのことによる事実の誤りにも気付かなくなります。たとえば「……とAさんは唇を噛んだ」と書くとき、Aさんは本当にクチビルを歯でギュッとやっていただろうか。私の取材経験では、真にくやしさをこらえ、あるいは怒りに燃えている人の表情は、決してそんなものではありません。なるほど実際にクチビルを噛む人も稀にはいるでしょう。しかしたいていは、黙って、しずかに、自分の感情をあらわしようもなく耐えています。耐え方の具体的あらわれは、それこそ千差万別でしょう。となれば、Aさんの場合はどうなのかを、そのまま事実として描くほかはありますまい。「吐きだすように言った」とか「顔をそむけた」「ガックリ肩を落とした」なども、この意味では事実として怪しいのではありませんか。実例を挙げます。——

「ニコヨン物語」という本をご記憶だろうか。昭和三十一年、当時、ニコヨンと呼ばれた日雇い労働者がえんぴつをなめなめつづり、映画にもなったベストセラーだ。(『朝日新聞』一九七八年五月二〇日朝刊・東京版)

右の「えんぴつをなめなめ」が怪しい。本当に「えんぴつ」だったか。本当に「なめなめ」書いたのでしょうか。それが取材した事実であれば、紋切型をやめて具体的にその様子を書くべきだし、紋切型として書いたのなら大ウソを書いたことになります。次の例はどうでしょう。

四人の子どもたちが通っていた多摩市立永山小学校のクラスメートは、最近、帰ってこない友だちの話をしなくなった。（中略）話題にすれば、名前を呼べば、悲しみがつきあげてくるからだ。それでも、テストのプリントなどを配るとき、子どもたちは主のいない机の上にも、そっと置く。放課後、まとめて後ろのロッカーにしまっていく。（『朝日新聞』一九七六年七月二日朝刊・社会面）

子供らは本当に「そっと」置いているでしょうか。それを筆者は見たのか。あるいは間接的でも取材したのでしょうか。事実は、子供らは他の子に配る配り方と同様なしぐさで配り、特別に「そっと」置いてはいないのではないか。つまりは「紋切型」に頼った可能性はないか。

野間宏氏編による『小説の書き方』という本があります。野間氏を含めて小林勝・伊藤整・椎名麟三・瀬沼茂樹など一〇氏がそれぞれの考えを述べたものです。もちろん小説の創作のために書かれたのですが、読んでみると文章一般に通ずるたいへん参考になることが多い。標題を「記事の書き方」とか「文章の書き方」としてもよいくらいです。この中から伊藤整氏の一部を引用します。

菫《すみれ》の花を見ると、「可憐《かれん》だ」と私たちは感ずる。それはそういう感じ方の通念があるからである。しかしほんとうは私は、菫の黒ずんだような紫色の花を見たとき、何か不吉な不安な気持ちをいだくのである。しかし、その一瞬後には、私は常識に負けて、その花を「可憐」なのだ、と思い込んでしまう。文章に書くときに、可憐だと書きたい衝動を感ずる。たいていの人は、この通念化の衝動に負けてしまって、菫というとすぐ可憐なという形容詞をつけてしまう。このときの一瞬間の印象を正確につかまえることが、文章の表現の勝負の決定するところだ、と私は思っている。この一瞬間に私を動かした小さな紫色の花の不吉な感じを、通念に踏みつけられる前に救い上げて自分のものにしなければならないのである。

右の中の「たいていの人は、この通念化の衝動に負けてしま」う、とあるのがとくに重要な指摘です。「負けてしま」う結果、その奥にひそむ本質的なことを見のがしてしまう。だから紋切型にたよるということは、ことの本質を見のがす重大な弱点にもつながります。

## (2) くり返し

子供の作文にはよくあることで、たいていの人が気付いていると思うのは、同じ言葉のくり返しです。「朝起きて、顔を洗って、そして歯をみがいて、そして御飯をたべて、そして……」と、延々「そして」がつづいたり、文の終わりを片端から「と思う」とか「と思われる」でばかり結んだり。

私の長女は小学校一年生のとき、ノート一冊分の作文のほとんど半分くらいの長文を「でも」という接続詞ばかりでつないで書きました。しかしこれは決して子供ばかりではありません。次の例はどうでしょう。

……いわば一般的な姿勢を原則として確かめ合おうという目的は、果されたとみていい**ように思われる**。共同コミュニケが、米中関係を律する原則として平和五原則をあげていることは、このことを裏づけている**ように思われる**。(中略)いいかえれば核戦争は回避しようという共通の地盤がすえられたのは、フルシチョフ首相のアメリカ訪問であった**ように思われる**。(中略)…その他、文化、スポーツ交流、貿易拡大などについての合意点は、コミュニケから判断する限り、さし当っては急速な進展は期待出来ない**ように思われる**。(『朝日新聞』一九七二年二月二八日朝刊・社説)

二本出ている社説の短い文章のうち一本だけで、「ように思われる」という表現が四回も出てくるのは多すぎるように思われる。それに「ように思われる」といったいいまわしは、断定を避けていかにもってまわった「お上品ぶり」を示すのに好都合ですが、要するに事の本質をオブラートで包むための技法であり、謙虚さを売りものにしている慇懃《いんぎん》無礼《ぶれい》な態度にすぎません。これは典型的「社説用語」のひとつでもあります。真に「ように思われる」ときだけに限定して使うべきです。

くり返しは、それを目的とする特別な場合以外は極力避けましょう。たとえば逆接の場合でも「しかし」ばかり使わないで、「けれども」「ところが」「だが」「が」「にもかかわらず」などを混用する。それからヒンズー語や朝鮮語や日本語などのように述語が文の最後にくる語順の言葉だと、どうしても同じ文末がつづきやすくなりがちです。次の例をみてください。

本多勝一氏が初めて翻訳をして、わが国に初めて紹介される――初めてづくめの文字通り本邦初訳『エスキモーの民話』です。かつてルポをしたイニュイ民族へ思いを馳せ、親愛の情をこめての訳です。氏ならではのユニークな傑作集です。これは「世界の民話シリーズ」の第一弾として刊行したものです。(『すずさわ』第九号)

これは出版社の月報の編集後記です。すぐ気付くように、片端から「です」で終わっている。「である」でも同様なことがよくあります。次の例はベテラン記者によるルポルタージュの一節から――

三井造船には構内協力企業が十六社あった。そのうち十四社二千九百人で協同組合を作っていて、半分が地元だということだった。千葉造船所の新設で、社員の多くは岡山県の玉野造船所から移って来たが、協力企業も一緒に移動するらしかった。

協力企業の事務所は造船所構内の一角に集まっていた。建造中の巨船を背景に、プレハブの建物がひしめいていた。

協力企業の一つ、三昌工業に所属する人たちの話を聞いてみると、仕事の内容は三井造船の「本工」と変わりないようだった。（『朝日新聞』一九七四年一一月七日夕刊「新風土記・千葉県」）


この場合はほとんど一種の文体として「だった」を使っているかのようですが、たとえ文体としてもこれではあまりにくり返しが鼻につきます。（もちろん、「……た。……た。」を意識的に全文で使って成功している小説の例もあるけれど、ここの場合は洗練よりも臭《くさ》みの方が強い。それにこの文章は後述の「ルポの過去形」の問題も含んでいる。）これを少していねいにして「であった」を繰り返してゆくことが好きなベテラン記者もいます。たとえば「……半分が地元だということであった」とやると、なんとなくお上品で、スマした感じになるんですね。しかしこれにしても、あんまり繰り返されるといやみが出てきますよ。

このようなくり返しの問題で被害を受けたことがあります。ある児童本出版社が、私の著書『ニューギニア高地人』の少年版を刊行することになりました。量的にも全体を少し縮めるため、子どもには不必要と思われる部分を削除して原本とし、係に渡した。ところが本になったのを見ると、どうも自分の文体ではない部分が多いのです。たとえば次のように。――

この男に交換を申しこもうとしたとき、かげのほうでもそもそしていたコボマが、とつぜん「アレガメ！」（わが友よ）とさけんだ。アレガメは、親しい友だちに尊敬の意味をこめてよぶときのことばな**のだ**。わたしたちは、ヤゲンブラやコボマなどと、こうよびあうことのできる親しい仲になっていた**のだ**。（本多勝一『生きている石器時代』）

漢字をカナに開いたりする点は仕方がないでしょう。しかし右にゴチックで示した「のだ」のような使い方を自分はしないはずだと思って原文を見ると、次のとおりでした。

……アレガメは、親しい友人に尊敬の意をこめて呼ぶときのことばだ。ヤゲンブラやコボマなど、親しい男たちと私たちはこう呼ぶ間柄になっていた。

原文がかなり改竄《かいざん》されています。それ以上に許しがたいのは「のだ」というような言葉を勝手に加え、しかもくり返していることです。

ついでにいえば、ノダとかノデス・ノデアルの第一の用法は、その前の文を受けて説明するときです。したがってこの用法のときは、前の文章と内容が密接につながっています。文の頭に「ナゼナラバ」が付くような形の場合と思えばよろしい。たとえば——

彼はびっくりして立ちどまった。（ナゼナラバ）戦死したと伝えられていた先輩が眼前にすわって雑誌を見ているのだ。

ところが、むやみやたらとノダ・ノデス・ノデアルを使う人がいます。

むかしむかし、おじいさんとおばあさんがいたノデス。

といった用法が珍しくないけれど、これは誤りです。誤っていないときでも、あまり使うと押しつけがましいだけでなく、本当に必要な場合と区別がつかなくなってしまいます。前述の改竄の例でも「ナゼナラバ」としての「ノダ」だといえないわけでもないけれど、なくてもよい場合はなるべく避けるべきでしょう。しかもくり返し。こんなものを自分の文章とは認めがたいので、著者の文体と異なることを次の版から「あとがき」でことわりました。

ノダ・ノデスの第二の用法として強調や驚きの表現もあります。たとえば——

一人残された少年は、他部落にいる叔母の世話になっていた。そして七年。ことしの四月三〇日がきた。サイゴン陥落、全土解放。あの監獄の島・コンソン島も解放された。政治囚たちは自由の身になった。その中に、バア少年の父親もいた**のだ**。（拙著『再訪・戦場の村』）

これなどは「バア少年の……」の前に「オドロクナカレ」といった言葉が潜在している例です。次の第3節で紹介する井伏鱒二氏の文章の冒頭はそれに当たりましょう。しかしこれもあまりに片端から強調すると、強調の意味が薄れてしまいます。

## （3）自分が笑ってはいけない

さきに第1節「紋切型」の冒頭で示した例文について「文自体が笑っている」と述べました。このことはもうすこしくわしく説明した方がいいかもしれません。手元の雑誌からもうひとつ、次の例をあげます。

（前略）八月一三日の夜行、京都発富山行の急行立山3号に乗ったときのことです。満員で座席などとれないことは承知の上で、けれど通路ぐらいは、と思っていたのです。ところがムッ、ムッ。ジローッ周囲を見回すと山男の群れ。しかたなく立って眠る？　ことにしました。毎日アクビの出るクセは、その夜は一層ひどくて五分ごとにアクビが出て、疲れて眠くても、とても眠れそうもありませんでした。そこで私は、カカトの高いピンクのサンダルを脱いだり履いたり。これを見ていた一人の優しい優しい山男が、私のアクビと足にたまりかねて席を譲って下さったのです。図々しくも「スミマセン」と席を代わってもらうや否や、グーッと眠り込んでしまったのです。鼻ちょうちんぶら下げて、席を譲って下さったお方をチラリチラリと見ながら……。ああ、なんと山男とは親切なるぞ。でもほほがこけて細い人、あんな狭い所に何度も寝返りしながら、つらそうにお眠りあそばしてＺＺＺ。（後略）

これはある山の雑誌の投書欄にあたるページに出ていた二四歳の女性の文章です。なんとかおもしろく書こうとする気持ちがそのまま表面に出てしまって、結果は読む側にとってはちっともおもしろくないものになってしまいました。なぜおもしろくないのか。この説明は落語を例にとるとわかりやすいでしょう。

中学生のころ私はラジオでよく落語をきいていて、「また落語！」と父にどなられたけれど、あれは実に魅力的な世界でした。ずっとのちに都会へ出て実演を見たとき驚いたのは、落語家たちの間の実力の差です。ラジオでももちろんそれは感じたけれど、実演で何人もが次々と競演すると、もうそれはまさに月とスッポン、雲と泥にみえます。私の見た中では、やはり桂文楽がとびぬけてうまかった。全く同じ出し物を演じながら、何がこのように大きな差をつけるのでしょうか。もちろん一言でいえばそれは演技力にちがいありませんが、具体的にはどういうことなのか。

落語の場合、それは「おかしい」場面、つまり聴き手が笑う場面であればあるほど、落語家は真剣に、まじめ顔で演ずるということです。観客が笑いころげるような舞台では、落語家は表情のどんな微細な部分においても、絶対に笑ってはなりません。眼じりひとつ、口もとひとつの動きにも「笑い」に通じるものがあってはならない。逆に全表情をクソまじめに、それも「まじめ」を感じさせないほど自然なまじめさで、つまり「まじめに、まじめを」演ずるわけです。この一点を比較するだけでも、落語家の実力の差ははっきりわかります。名人は毛ほどの笑いをも見せないのに反し、二流の落語家は表情のどこかに笑いが残っている。チャプリンはおかしな動作をクソまじめにやるからこそおかしいのです。落語家自身の演技に笑いがはいる度合いと反比例して観客は笑わなくなっていきます。

全く同じことが文章についてもいえるのです。おもしろいと読者が思うのは、描かれている内容自体がおもしろいときであって、書く人がいかにおもしろく思っているかを知っておもしろがるのではありません。美しい風景を描いて、読者もまた美しいと思うためには、筆者がいくら「美しい」と感嘆しても伝わらない。美しい風景自体は決して「美しい」とは叫んでいないのですから。その風景を筆者が美しいと感じた素材そのものを、読者もまた追体験できるように再現することです。野間宏氏は、このあたりのことを次のように説明しています。

文章というものは、このように自分の言葉をもって対象にせまり、対象をとらえるのであるが、それが出来あがったときには、むしろ文章の方は消え、対象の方がそこにはっきりと浮かび上がってくるというようにならなければいけないのである。対象の特徴そのものが、その特徴のふくんでいる力によって迫ってくるようになれば、そのとき、その文章はすぐれた文章といえるのである。(『文章入門』)

さきの例文を見て下さい。これは筆者自身が笑うあまりに、素材そのものまでもゆがめています。「五分ごとにアクビが出て」というとき、もうウソが見えてしまう。本当に五分ごとに正確にアクビが出るはずはありません。「ムッ、ムッ」とか「ジローッ」とかいった俗なオノマトペ(擬声語)。それにしてもムッムッとは何のことですか。これは「ムムッ」か「ン?」のつもりか。擬声語も本当にぴしゃりと使えるときがないわけではないけれど、筆者はこのとき列車のなかで正にそのような見回し方をしたわけでは決してないことが、読者にすぐに見破られます。アクビが本当にたくさん出たのであれば、それを素材として正確に描写すべきです。「あの夜はいつもより一層あくびが出て、たぶん少なくとも二、三分に一度、多いときは三〇秒おいて次のあくびが出るほどだった」とでもすればイカサマ性はなくなるし、笑ってもいない文になります。「グーッ」とか「チラリチラリ」「ZZZ」などの軽薄なオノマトペは一層文章を笑わせてしまう。「眠り込んでしまった」といいながら「チラリチラリと見ながら」もありえないことですね。「鼻ちょうちんぶら下げて」も、当人にはわかりにくいことであって、たぶんウソでしょう。「優しい優しい」「図々しくも」「親切なるぞ」「お眠りあそばして」等々、片端から筆者自身だけがいい気になって笑っています。こんなに落語家自身が笑ってしまって、どうして観客たる読者が笑えましょうか。

反対の例をあげます。井伏鱒二の『白毛』という作品は次のような書き出しです。

私の頭の髪はこのごろ白毛が増え、顱頂部《ろちょうぶ》がすこし薄くなつてゐるが、後頭部は毛が濃い上にばりばりするほど硬いのである。毛の太さも、後頭部の毛は額上の毛よりも三割がた太いやうである。横鬢《よこびん》の毛はその中間の太さである。荻窪八丁通りの太陽堂釣具店主人の鑑定によると、私の白毛はテグス糸の四毛ぐらゐの太さである。しかし太陽堂釣具店主人は、まだ私の白毛を抜いたり手にとつて見たりしたのではない。ちよつと見ただけの、粗笨《そほん》な鑑定によるものである。この釣具店の常連の一人である魚キンさんといふ魚屋の主人は、私の白毛を抜きとり本当のテグスと比較して、白毛の太さを綿密にしらべてくれた。キンさんは虫眼鏡まで出して来てしらべた。それによると、私の後頭部の白毛はテグス四毛半の太さで、横鬢の白毛は四毛の太さである。額上の白毛は正確に三毛の太さである。これはオールバックに伸ばしてあるために、釣りの素人の目には本当の三毛のテグスと見分けがつきかねる。

そしてこの「私」はあるとき山中の川岸で、きざな二人の青年にからまれて釣糸がわりに白毛を抜かれる羽目になります。その抜かれているところの描写――

　コロちゃんは私の髪の毛を三本も抜き、まだその上に抜かうとして、

「何本、抜くのかね？」

と云つた。

「いいかげんにしろ。」

と私は答へた。

「三十本ぐらゐ、入用だらう。」と後ろの追剝が云つた。「こいつの髪の毛は、油気がないからな。きれるかもしれんから、余分をとつておけ。」

　もはやコロちゃんも追剝といつていいやうであつた。私が睨みつけてゐるにもかかはらず、彼はびくともしないで私の髪の毛を一本づつ抜いて行つた。こいつも冷酷強欲な男にちがひない。彼は黒い髪毛を誤つて抜くやうな無駄はしなかつたが、私の計算によると確かに三十五本も抜い

たのである。(筑摩書房版「現代日本文学全集41」)

冒頭の説明といい、このヤマ場の描写といい、おかしいことを、きまじめに、べらぼうに正確に、素材として出しています。こうなると落語家の名人級、筆者自身は全く笑いを見せません。いうまでもないことですが、これは小説としての創作ですから、内容が事実かどうかは関係ないことです。ルポルタージュや紀行文などのような事実の記録であってもこの点は全く同じこと、文章技術として変わるところはありません。

## (4) 体言止めの不快さ

例外的な場合とか特別な目的がある場合は別として、第一級の文章家は決して体言止めを愛用することがありません。体言止めは、せまい紙面でなるべくたくさんの記事を押しこむために、たぶん新聞で発達した形式ではないかと思います。たとえば――

経済の見通しについて。「来年から再来年にかけて景気は回復。でも、インフレは当分続くと見た方がいい」。難解な理論を平易に解説、というのが受賞理由の一つだけに答えは明快。だが、「現在のデータが変わらぬという前提での予測。その通りになるかどうか分からぬ」と

のただし書きつき。（『朝日新聞』一九七四年一一月五日朝刊三ページ）

これはある賞を受けた経済学者とのインタビュー記事で、引用したのは全記事のうち最後のほうの一部です。全文がこのように体言止めの多い記事ですが、とくにこの部分を引用したのは、直接話法（カギカッコの中）の中にまで体言止めを使っているからです。

素直に考えてみましょう。いったいだれが、実際の会話の中で「……景気は回復。」とか「……という前提での予測。」というような体言止めの話し方をするでしょうか。そんなに体言止めが好きなら、カギカッコをはずして間接話法にすればよろしい。いうまでもなく、直接話法は決して会話の録音テープの再現ではありません。もし実際の会話をそのまま文章で再現すれば、この例文で推察するとたとえば次のようでしょう。

「そうですねえ。まあ、来年から再来年にかけてくらいには、まあ景気は回復する――と、ま、これはですね、もちろん推測ですけどね。ええ。しかしインフレの方はね、私はね、まあここ当分はどうも続くと見た方がいいと思うんですよ、ハイ」

こんなものをそのまま直接話法で記事にしていたら新聞など作れません。しかし直接話法である以上、ありえないことを書いてはまずい。カギカッコの中を朗読したときに、少なくとも最低限の自然さをそなえていなければ、何のために直接話法にしたのかわからなくなります。

直接話法でない場合でも、体言止め（より広くは「中止形」）の文章は軽佻浮薄《けいちょうふはく》な印象を与えます。軽佻浮薄でも不快でも下品でも、それが趣味だということになれば、もはやこれ以上論ずべき問題ではないでしょう。ただ、読者を最後まで引っぱってゆく魅力に甚だしく欠ける結果、途中で投げ出して読まれなくなる可能性が高く、そうすると結果的に「わかりにくい文章」と変わらなくなります。少なくとも文章家や文豪といわれる人々の中に、体言止めを趣味とする例を私は見たことがありません。

朝日新聞のコラム「天声人語」の筆者だった深代惇郎が入院したことを友人からきいたのは入院の数日後です。しかし私はその前に、ある朝「天声人語」の冒頭を読んで筆者交代に気付いていました。いきなり体言止めの文が出てきたから。少なくとも深代なら、こういう鈍感な文章は書かないはず、出張かなにかでピンチ＝ヒッターとしてだれかが書いたのだろうと思っていたとき、入院ときいたのでした。まもなく深代は亡くなりました。

## （5）ルポルタージュの過去形

第2節「くり返し」であげた文例に、全文を過去形としている新聞連載記事がありました（一九六

―一九七ページ）。同じ記事の別の部分に次のような文章があります。

東電五井火力発電所の警務室におじゃました。奥にある畳敷きの宿直室で、ざっくばらんな話を聞いた。

市原市岩崎の高沢元治郎さん（五五）は昭和三十五年暮れ、五井漁業協同組合の転業あっせんを受けて就職した。皮肉なことに、まだ養殖できたノリが大豊作で、一日で月給分をかせげたという。話をしながら「ノリがあればなあ」と嘆息した。

同じ筆者による同じルポですが、この場合の過去形と前の場合とでは明白に違う点があります。それは前者が「事実の過去」ではないことです。すなわち、「……企業が十六社あった」とか「……半分が地元だということだった」という場合、「十六社あったが、今はない」「地元だということだったが、今は違う」ということではない。このルポが書かれ、紙面に出ている現在も、やはり「十六社ある」のだし「地元だということだ」のはずです。前者の例文は、ひとつのこらず同じことがいえます。

ところがここにあげた後者だと、「話を聞いた」のも「就職した」のも「嘆息した」のも、すべて事実が過去です。このルポが読まれている現在も「話を聞いている」のではないし「嘆息しつつある」のでもない。ということは、前者は「筆者にとっての過去」にすぎないことになります。「私が取材中は……十六社あった。今はもう私は現場を去って新聞社の机で書いている」「私が取材中は……地元だということだった。今はもう私は現場にいないので机の上でこれを書いている」「私が取材中は……移動するらしかった。今は私は現場にいないで机の上でこれを書いている」……

要するにこの場合の過去形は、そのあとにすべて「私は今その現場にいないで、帰ってきて机の上で書いている」という気分が深層心理にあり、各文章ごとに「机の上で書いている」と告白しているようなものです。事実はちっとも過去ではなく、そのまま現在形で進行中なのですから。

こういう用法は、とくにルポルタージュのような場合、たいへんマイナスに作用します。たとえば次の例はどうでしょう。「攻防続くロンチェンに入る」という見出しの戦争ルポです。

北部ラオス、ジャール平原の南西に位置する政府軍の最前線基地ロンチェンは、砲声と爆音に包まれていた。雨期明け直後からジャール平原を席けんした「北」側は、昨年末から同基地に肉薄、去る十日から十五日にかけて基地内に侵入し、守備部隊と白兵戦を展開、今も基地周辺の山岳地帯から攻撃を続けて……（『朝日新聞』一九七二年一月二三日朝刊七ページ）

これは冒頭の「前書き」部分に当たる記事です。問題は最初の文の「……砲声と爆音に包まれていた。」にあります。例によって「私が取材したときは……包まれていた。今はその現場を去って、机の上で書いている」と、わざわざ告白していますね。筆者はラオスの「ロンチェン発」電報として送稿しているし、それは紙面に出る前日の「二十二日発」ですから、明らかに「今も」事実はまだ進行中でしょう。「今も砲声と爆音に包まれている」のです。それをそのまま「包まれている」と報告せずに、「包まれていた。私はもうそこを去って、机の上で……」などと告白してしまうなんて、もったいない話ではありませんか。読者の受けるせっかくの臨場感を、タワシで逆なでして消しているようなものです。次の例もルポの冒頭に出てきます。

スエズ運河は、巨大な〝生き物〟だった。戦争に傷つきながらも、生命が躍動していた。(『朝日新聞』一九七九年三月一一日・日曜版)

こうした例がとくに冒頭に現れやすいのはどういうことなのでしょう。「さあ、紙面のトップをかざるルポだ。がんばらなくっちゃ」と気負った記者が、緊張して、ペンに気力をこめて書きだす、その最も張りきった気分の冒頭でいきなり失敗しているんですね。初めて講演をする人が演壇でアガってしまい、変な言動で聴衆を失笑させるのと似ているかもしれません。「…… 〝生き物〟だった。……生命が躍動していた。(今そこから帰って机の上でこれを書いている)」と書いている筆者のうしろ姿がむしろ目に浮かんでしまって、スエズ運河の姿はその向こう側に遠景となって見えるもどかしさ。

ルポの場合はむしろ正反対に、事実の過去でさえも現在形にしてしまう方が迫力があります。むろんそれは事実をゆがめるという意味ではありません。その著しい例をあげましょう。

わたしは地図の上でその名をさがす。ある。ほとんど全部ある。しかし、みんな歴然たるハザラジャートの地名だ。つまり、ハザーラ族の居住地だ。この人は、ハザーラとモゴールとを混同しているのだ。わたしたちはがっかりする。（中略）

カンダハールを出て三日目の昼すぎ、わたしたちはカーブルに着き、江商商会のバンガローにやっかいになる。加古藤さん、内田さんという二人の社員には、徹底的にお世話になった。ここで、ペシャワール方面から越えてくるはずの、岩村、岡崎両氏の到着をまつ。（梅棹忠夫『モゴール族探検記』）

読者は筆者と一体になって舞台を同時進行するかのようです。また現在形の語尾は変化に富むので、過去形のように「た」ばかりがつづく「くり返し」を避ける利点もありましょう。

**「無神経な文章」のおさらい**

●無神経な文章は、結果的に「わかりにくい文章」と同じになってしまう。

●「紋切型」の文章は、読む人をへきえきさせるだけではなく、ことの本質を見のがすことにもつながる。

●「くり返し」は読む人を不快にさせるので極力さけるべきだし、本当に必要な場合と区別がつかなくなる。

●読み手を笑わせるには、書き手自身が笑っていたり、不正確で俗なオノマトペを使ったりせず、事実を正確に表現する方が効果的である。

●「体言止め」は軽佻浮薄な印象を与えることが多く、最後まで読まれるような魅力的な文章にはなりにくい。

●事実が過去ではない時まで過去形にする文章は、特にルポルタージュの場合に臨場感を失わせる。

# 第八章
# リズムと文体

## （1）文章のリズム

鈍感でない文章ということになってくると、その終極点はたぶんリズム（内旋律）の問題になるでしょう。これはしかし、本書の目的よりはずっと〝高度〟な文章論に属する問題かもしれないし、小説家など文筆のプロをめざす人々の課題ともいえます。事実、小説家の書く「文章読本」の類は、谷崎潤一郎や川端康成そのほかの例にも見られるように、このリズムとか調子に大きな比重をかけて説きました。とはいうものの、より多くの人に読まれることを目的とするのであれば、リズムの問題もやはり大いに関連してくるので、ごくかんたんながら触れておきます。

もし論理性と「わかりやすさ」だけで文章を考えるのであれば、小さな語句の違いはあまり問題になりません。ということは、他人が多少の添削をしても大して問題ではないことにもなりましょう。しかし文体とかリズムのことを考えると、文章はあたかも精密機械や人体組織のようになってきます。完成された文体は、へたにいじると故障してしまうし、切れば血が出るかもしれない。修飾語の並べ方や句読点の打ち方はもちろん、すべての言葉の選び方が、その筆者固有のリズムによってのっぴきならず厳選されているからです。こころみに、名文で知られるジャーナリストの文章を例にして、リズムを乱したらどんなに「血が出る」かをためしてみます。

枯れ葉のにおう山の遍路道を歩いてみたい、潮風に流れるはぐれトンビを追って海辺の道を歩いてみたい、そんな思いにかられた時から現代のお遍路は始まるのだろう。(『朝日新聞』一九七四年四月一七日夕刊「新風土記・高知県」辰濃和男記者)

これを、たとえば最も平凡な語順として題目を頭にもってきてみます。

現代のお遍路は、枯れ葉のにおう山の遍路道を歩いてみたい、潮風に流れるはぐれトンビを追って海辺の道を歩いてみたい、そんな思いにかられた時から始まるのだろう。

どちらのリズムがいいかは、朗読して比べてみるとわかります。では一部の言葉を変更してみたらどうか。「枯れ葉のにおう山の遍路道」は、論理的には「枯れ葉の遍路道」でもおかしくないはずです。同様に論理的に問題のない変更を二、三加えてみると——

枯れ葉の遍路道を歩いてみたい、潮風に流れるはぐれトンビを追って海辺ぞいの道を歩いてみたいといったような思いにかられた時から現代のお遍路は始まるのに違いないと思う。

これでは全く話になりませんが、論理としてはおかしくないし、わかりにくいわけでもありません。原文でリズムがとくに生きている部分は「……歩いてみたい、そんな思いに……」のところでしょう。「みたい」でテンを打ち、「そんな」という指示代名詞をわざと入れている。「そんな」なしに、ごく普通に流してたとえば「……歩いてみたいといった思いに……」とでも書くと、朗読してみたときに呼吸がうまく合いません。別の例で見ます――

たとえば。須佐之男命《すさのおのみこと》が八俣《やまた》のおろちを退治して櫛名田比売《くしなだひめ》を救い、彼女を妻として出雲の国の須賀《すが》の地に新居をさだめたとき、彼はうたった。
八雲《やくも》立つ　出雲八重垣《いづもやへがき》……（『朝日新聞』一九七三年五月二〇日〈日曜版〉森本哲郎記者）

この「たとえば」のあとをマルにしたリズム。これをテンにしたり、あるいは何もなしにつづけたりもできるはずですが、ここではやっぱりマルにすることが筆者の文体のリズムとしてぬきさしならないのです。これも朗読してみるとよく理解できましょう。次の例――

遠い席にボーイが音を立てて茶を入れている間、総理は通訳に言葉を待たせていた。自分の前におかれてあったマイクを、自分で隣の通訳の席へ移した。そしてまたしばらくすると、椅子から身体を折り曲げて手を延ばして、床にうねっていたそのマイクのコードをひと揺りさせて真っすぐに直していた。こういうことが気になる人らしい。（門田勲『外国拝見』＝朝日新聞社・一九六二年＝の「北京通信」〈周恩来〉の項から）

門田氏は文章もうまいけれど、目のつけどころでも学ぶべき点が多い記者です。私が新聞記者になったころは、この大記者はすでに第一線時代が過ぎて退職直前でした。右の周恩来首相の描写なども記憶に残る部分です。

以上ここに三例をあげてみて偶然気付いたのですが、この三例とも題目に当たる言葉が文の冒頭に出てこず、第一章（かかり受け関係）と第二章（長い順）の原則の好例となっています。

この第八章第１節からも拾ってみましょう。最初の段落は、次のような一文で終わっている。

とはいうものの、より多くの人に読まれることを目的とするのであれば、リズムの問題もやはり大いに関連してくるので、ごくかんたんながら触れておきます。

ここでたとえば「ごくかんたんながら」を削って朗読してみられよ。明らかに調子が狂うでしょう。この場合、事実として「ごくかんたん」に触れているわけだけれども、もしかんたんでないのであれば削って「触れておきたい」とするだけで、論理としては問題がないはずです。しかしリズムの上では問題だから、なんとか考えて別の修飾句を加えるほうがよろしい。たとえば「紙面の許される限り」といった具合に。

リズムの悪い例をひとつだけ挙げておきます。

新人賞には、原稿を公募する型と、芥川賞のように既発表作品の中から選ぶ型がある。講談社創立七十周年を記念したという野間文芸新人賞の場合、既発表型。各種文芸新人賞受賞者を下限とし、芥川賞受賞者をもふくむ、純文学分野の将来性のある新人を対象としている。(『朝日新聞』一九八〇年二月二五日夕刊・文化面)

右の中で「……新人賞の場合、既発表型。」の部分はリズムとしてすわりが悪い。たとえば「……の場合は既発表型だ。」「……の場合は既発表型といえよう。」「……新人賞は既発表型である。」など、いろいろ考えられます。(またこの場合第五章〈助詞〉の「ハ」とも関連する問題として、「……の場合、」と助詞を省くよりも、対照としての「ハ」を強調して出す方がより良いでしょう。)

以上、リズムの説明の中で「朗読してみる」ことを何度も述べました。本を読むとき音読する人はほとんどいませんが、しかし目で活字を追いながらも人は無意識にリズムを感じとっているのです。そうであれば、書く側がリズムにあわせて書かなければ読者の気分を乱すことになります。詩のような韻文ですと、作者も読者もリズムを明確に意識していますが、実は散文でもリズムが潜在しているということです。リズムのめちゃめちゃな文章は、だから読者を無意識的にイライラさせ、長時間の読書に耐え難くさせる原因ともなりましょう。かといって、文字通り朗読しながら書く人もいないようです。名文章家といわれる人は、頭の中で無意識に朗読しながら書いているわけですね。だから自分の文章に固有のリズムが無意識に出るようになったとき、その人は自らの文体を完成させたのです。その人の文章は、もはや他人が安易に手をつけられない域に達したといえましょう。

## (2) 文豪たちの場合

最後に、第一章からこの章までに述べてきたような見方で、近代・現代の「文豪」とよばれてきた人々の文章について、有名な作品の冒頭を改めて検討してみましょう。「書きだし」の文章はほとんどの文筆家が熟慮した結果ですから、その筆者の文体を調べるのに好都合です。*

木曾路はすべて山の中である。あるところは岨《そば》づたひに行く崖の道であり、あるところは数十間の深さに臨む木曾川の岸であり、あるところは山の尾をめぐる谷の入口である。一筋の街道はこの深い森林地帯を貫いてゐた。（島崎藤村『夜明け前』新潮社版「藤村長篇小説叢書」）

長い影を地にひいて、痩馬の手綱《たづな》を取りながら、彼は黙りこくつて歩いた。大きな汚い風呂敷包みと一緒に、章魚《たこ》のやうに頭ばかり大きい赤坊をおぶつた彼の妻は、少し跛脚《ちんば》をひきながら三四間も離れてその跡からとぼ〳〵とついて行つた。（有島武郎『カインの末裔』筑摩書房版「現代日本文学全集21」）

私は其人を常に先生と呼んでゐた。だから此処でもたゞ先生と書く丈《だけ》で本名は打ち明けない。是は世間を憚《はゞ》かる遠慮といふよりも、其方が私に取つて自然だからである。私は其人の記憶を呼び起すごとに、すぐ「先生」と云ひたくなる。筆を執つても心持は同じ事である。余所《よそ》々々《〳〵》しい頭文字抔《など》はとても使ふ気にならない。（夏目漱石『こころ』筑摩書房版「現代文学大系14」）

山の手線の電車に跳飛《はねと》ばされて怪我をした、其後養生《あとやうじやう》に、一人で但馬の城崎《きのさき》温泉へ出掛けた。背中の傷が脊椎カリエスになれば致命傷になりかねないが、そんな事はあるまいと医者に云はれた。二三年で出なければ後は心配はいらない、兎に角要心は肝心だからといはれて、それで来た。

三週間以上――我慢出来たら五週間位居たいものだと考へて来た。（志賀直哉『城の崎にて』筑摩書房版「現代日本文学全集20」）

十二月二十五日の午前五時、メイン・トップ・スクウナ型六十五噸の海神丸《かいじんまる》は、東九州の海岸に臨むK港を出帆した。目的地は其処から約九十海里の、日向寄りの海に散在してゐる二三の島々であつた。島からは、木炭と木材と、それから黒人《くろうと》仲間で五島以上だと云はれる非常に見事な鯣《するめ》が出る。（野上彌生子『海神丸』講談社版「日本現代文学全集63」）

往古、西域に楼蘭《ろうらん》と呼ぶ小さい国があった。楼蘭が東洋史上にその名を現わして来るのは紀元前百二、三十年頃で、その名を史上から消してしまうのは同じく紀元前七十七年であるから、前後僅か五十年程の短い期間、この楼蘭国は東洋の歴史の上に存在していたことになる。いまから二千年程昔のことである。（井上靖『楼蘭』「新潮日本文学44」）

道がつづら折りになって、いよいよ天城峠《あまぎとうげ》に近づいたと思う頃、雨脚が杉の密林を白く染めながら、すさまじい早さで麓から私を追って来た。（川端康成『伊豆の踊子』河出書房版「日本文学全集18」）

未《ま》だ宵《よひ》ながら松立てる門は一様に鎖籠《さしこ》めて、真直《ますぐ》に長く東より西に横《よこた》はれる大道は掃《は》きたるやうに物の影を留《とど》めず、いと寂《さび》しくも往来《ゆきき》の絶えたるに、例ならず繁き車輪《くるま》の輾《きしり》は、或《あるひ》は忙《せは》かりし、或《あるひ》は飲過《のみす》ぎし年賀の帰来《かへり》なるべく、疎《まばら》に寄する獅子太鼓の遠響《とおひびき》は、はや今日《けふ》に尽きぬる三箇日《さんがにち》を惜《をし》むが如く、其の哀切《あはれさ》に小《ちひさ》き腸《はらわた》は断《たた》れぬべし。（尾崎紅葉『金色夜叉』筑摩書房版「明治文学全集18」）

子供の泣き声が耳に入つて目が覚めた。眠りが足りないと思うと、私はすべてのことが厭《いと》わしい。もう眠れそうもないので、起きて鏡の前に坐つてみた。顔の皮膚は荒れていて、クリイムで拭つても汚れが残つている。朝のうち風呂へ入るといいのだが、今の姉との生活では、私には言い出せない。昨夜姉は風呂を沸《わ》かしてくれたのだが、私が帰つたときは大分冷えていた。（伊藤整『火の鳥』筑摩書房版「新選現代日本文学全集15」）

五月中頃の事だ。藤は謝《しや》し、躑躅《つつじ》は腐れて、所々の垣根のうちに杜若《かきつ》や芍薬《しやくやく》や撫子《なでしこ》などがちらほら新緑の鮮《せん》と妍《けん》を争はうとしてゐるのに、丸で五月雨《つゆ》のやうな、毎日々々仕切《しきり》なしの雨降《あめふり》で、容易に夏めく景色に成りさうにも見えなかつた。（徳田秋声『春光』筑摩書房版「明治文学全集

68」）

越中高岡より倶利伽羅下《くりからじた》の建場《たてば》なる石動《いするぎ》まで、四里八町が間を定時発の乗合馬車あり。賃銭《ちんせん》の廉《やす》きが故に、旅客ハ大抵《おほかた》人力車を捨て、之に便《たよ》りぬ。車夫ハ其不景気を馬車会社に怨《うら》みて、人と馬との軋轢《あつれき》漸《やうや》く太甚《はなはだし》きも、才《わづか》に顔役の調和に因《よ》りて、営業上相干《あひをか》さざるを装《よそほ》へども、折に触れてハ紛乱《ふんらん》を生ずること屢《しばしば》なりき。（泉鏡花『義血侠血』筑摩書房版「明治文学全集21」）


「こいさん、頼むわ。――」

鏡の中で、廊下からうしろへ這入つて来た妙子を見ると、自分で襟を塗りかけてゐた刷毛を渡して、其方は見ずに、眼の前に映つてゐる長襦袢姿の、抜き衣紋の顔を他人の顔のやうに見据ゑながら、

「雪子ちゃん下で何してる」

と、幸《さち》子はきいた。

「悦ちゃんのピアノ見たげてるらしい」（谷崎潤一郎『細雪』筑摩書房版「現代日本文学全集71」）


家斉《いえなり》は眼をさました。部屋に薄い陽が射している。六つ（午前六時）を少々過ぎたころだなと

思った。このごろは決ってそうなのだ。年齢をとると、だんだん眼が早くさめて困る。（松本清張『かげろう絵図』講談社版「長編小説全集25」）

その小男は舷側にもたれ、陸を眺めていた。海はまだ暗かった。波を消された港の水が拡がっていた。ドック、突堤、倉庫、起重機、煙突など、港の水際を形づくる建造物が、さまざまの色と光度の灯火を、飾花のようにつけたまま、次第に輪郭を現わそうとしていた。遠く背景の六甲の山は、茜色に明けかける四月の空に影絵を描き、その襞の文様を次第に現わして行くつもりらしかった。（大岡昇平『酸素』岩波書店「大岡昇平集」第4巻）

伊豆《いづ》の国下田《しもだ》の在《ざい》に蓮台寺村《れんだいじむら》といふところあり、南は川一ツ隔《へだ》て谷津《たにづ》北は河内堀《かわちほり》の内《うち》と連《つらな》りて天城山道《あまぎやまみち》、いづれも是《これ》といふ思はしき節《ふし》のあるではなけれど、住《すめ》ば草の屋も春雨《はるさめ》に興《きよう》あり飼へば狗児《いぬころ》も尾を振るに愛らしく覚ゆる習ひとて、田舎普請《ゐなかぶしん》の堅牢《がつしり》とした家を其所《そこ》に構へて都会《みやこ》の便利をも羨《うらや》まず、我村を世に嬉しき洞天福地《どうてんふくち》と極札《きめふだ》つけてか安心閑居、悠〻《ゆる〳〵》と日を暮らし余生を楽しむ老翁《らうをう》ありて、……（幸田露伴『いさなとり』筑摩書房版「明治文学全集25」）

＊

こうして冒頭ばかり並べ比べてみると、さまざまな点で興味深いものがあります。さすがにリズムはみんな第一級ですね。ほとんどの読点も論理的原則をはずれていません。修飾する側とされる側もしっかり結ばれているし、修飾の順序もほぼ原則どおりといえましょう。* そのほか漢字や助詞の使い方なども教えられることが多いけれど、ここでとくに本書の目的に関連して強調しておきたいのは、前節の三例でも述べたような題目語の位置についてです。第二章で使った次の例文で考えてみます。

Ⓐ明日はたぶん大雨になるのではないかと私は思った。

この文の題目語「私は」を最初にもってくると、逆順の原則により読点を加えて次のようになります。

Ⓑ私は、明日はたぶん大雨になるのではないかと思った。

このⒶとⒷをくらべた場合、前後の文脈によってはⒷの方を選ぶべき場合もあるでしょう。しかし普通はⒶの方が日本語として優れています。ところが一般の人々、すなわち文章というものに特に深い関心を抱いているわけではない人々が書く文章には、Ⓑのタイプが多いようです。しかもこの場合必要な読点さえ加えないことが少なくない。「つい」そうなりがちなのは、題目語がまさに「題目」

であり、主題であるからにほかなりません。意識の核心部にあるのは題目なので、とくに作文技術を考えないで書くとき、無意識のうちに核心部が先に出てくるのは当然です。

しかし日本語としてのリズムをよくよく考えるとき、Ⓑの型（短い題目語を他の長い修飾成分より先に出す型）は、とくに理由がなければ、決して「より良い」方法でありません。

文豪たちの冒頭文を見ると、短い題目語があとに来る例はむしろ普通です。書き出しの文章は熟慮した結果ですから一層その傾向が強いのかもしれません。その最も極端な例が谷崎潤一郎にみられます。さきに挙げた『細雪』の冒頭にもう一度注意して下さい。「こいさん、頼むわ。――」からはじまる文章は、題目語が現れないまま「見ると」「渡して」「見ずに」「見据ゑながら」と四つもの「題目語にかかるべき動詞」が現れ、一番最後にやっと「幸子はきいた」と題目語が出てきます。島崎藤村の「木曾路はすべて……」以下は冒頭に題目語が現れますが、これらは第二章「かかる言葉の順序」の原則どおりだから当然でしょう。

### （3）文章改良の一例として

最後に、ここまで述べてきたような理屈から文章を改良したらどうなるか、ごく短い一文を例に考えてみましょう。

北海道大学の構内を歩いていると、つぎのような立《た》て札《ふだ》が目に止まりました。

「芝生をいためる球技等の行為は厳禁する」

この一文は、何となく変だと思いました。「非文」とまではいわぬにしても、言いたいことと書かれたこととに論理的くいちがいがあるのではないか。すぐに考えつくのは、それならば「芝生をいためない球技」ならやってもいいのか、といった解釈です。屁理屈だとはいえますまい。これが屁理屈であれば、日本語そのものに論理的欠陥があることになりはしないか。しかし日本語は決してそんな欠陥品ではないはずだ。『日本語の作文技術』（朝日文庫）の著者としては、やはりこれは書きとめておくべき実例でしょう。

〈ついでにいえば、いま私は右の「書きとめて」と書くとき、その前に「メモに残して」と書いた。それを「書きとめて」と書きなおしたのは、なにも「メモ」というような外来語を使う必然性がないと思ったからです。「メモ」についてこのときそう思ったことの遠因は、梅棹忠夫氏（元国立民族学博物館館長）を中心に創刊された『季刊人類学』（講談社）主催団体の通信「よりあいのかきとめ」にあります。これをアメリカ合州国の植民地ふうにイギリス語で表現すると「ミーティングのメモ」でしょう。このごろ「ミーティング」などという植民地用語が広まりだしましたが、私はこれを「家畜語*」と呼んでいます。しかし古くからの幅広いヤマトコトバとして「よりあい」（寄り合い）という実に的確な単語があるのです。わが故郷・信州でもごく日常的に使ってきました。なぜこれを追放して「ミーティング」などという長たらしくて発音しにくい家畜語を使うのか。〉

では、あらためてこの立て札について考えてみることにします。

①芝生をいためる球技等の行為は厳禁する。

これを「厳禁する」という述語にかかる修飾成分として化学構造式ふうに分解すれば次のとおり。

②
芝生をいためる↙
球技等の↘
行為は↓厳禁する。

修飾語は物理的に長い方を（あるいは節を）先にする、という原則**からすれば、これはこれで正しい。「芝生をいためる」も「球技等の」も平等に「行為」にかかるからです。にもかかわらず、なぜ誤解を生ずるのか。それは「芝生をいためる」が「行為」にかかるはずなのに、このままだと「球技等」に直接かかってしまうからです。つまり次のような関係にとられてしまう。

③芝生をいためる↓球技等の↓行為は↓厳禁する。

これは次のような例で考えるとわかりやすいでしょう。

④小さな子供のプール。

これは果たしてつぎのどちらなのか。

⑤小さな↓子供の↓プール

⑥
小さな↙
　　　プール
子供の↘

こういう問題はなにも日本語だけのことではありません。いわゆる生成変形文法はこうした問題を突っ込んでいったものでしょう。④の例についていえば、もし⑤の意味であればこのままでいい。つまり④のように書けば、ふつうは⑤と解釈される。もし⑥の意味に解釈してほしければ、誤解されぬために語順をひっくりかえすことです。

⑦子供の小さなプール。

「子供の」が「小さな」を修飾することは文法的にありえず、「プール」にかかることが明白なので、誤解されるおそれはありません。全く同じことが冒頭の一文①にもいえるわけです。すなわち語順を逆順にして——

⑧球技等の芝生をいためる行為は厳禁する。

とすれば誤解されることはありません。

これで論理的問題はなくなったとはいえ、しかし公表する立て札としてこれではあまりいい文とはいえますまい。「球技等の芝生……」は、論理的には正しくても、「球技等」と「芝生」を「の」でつなぐことによって親和度*がはたらき、それだけ読みにくくなります。だから「の」をとって——

⑨球技等芝生をいためる行為は厳禁する。

これだとしかし漢字ばかりつづくことによる読みにくさ**が加わるし、もともと外国語としての漢語は、できればやめるほうがいい。そこで「等」を「など」にします。

⑩球技など芝生をいためる行為は厳禁する。

じつは⑧から「の」をとったとき、一字のちがいとはいえ修飾関係が変化しています。つまり②はどちらも「行為」にかかるけれど、⑨や⑩はつぎのように「は厳禁する」にかかるからです。この点でも論理的によりすっきりします。

⑪ 球技など↘
芝生をいためる行為↘
は厳禁する。

それにしても「厳禁する」とはいかにも傲慢で悪代官的ですね。これは——

⑫球技など芝生をいためる行為は禁ずる。

で十分でしょう。

ところで、さきに「論理的問題は終わった」としましたが、厳密に考えるとまだ終わっていません。それは係助詞「ハ」の使いかたです。たとえば——

⑬この川で泳ぐことは禁ずる。

そうか。泳ぐことは禁ずるが、歩いて渡ることはいいのか。つまり係助詞「ハ」は、題目語*として格助詞「ヲ」を兼務する役割のほかに、対照（限定）の役割があるので、このような解釈も可能になるのです。だから⑫は、たとえば「古本を並べて売る行為は禁じない」というような、対になっている別の内容がかくされていると解釈することも不可能ではありません。この誤解を防ぐために、法律用語などは「ヲ」の兼務を解《と》いて「……ハ之ヲ禁ズル」と二つの助詞に分けたりしています。この立て札の場合、そんな面倒なことをしなくても単に「ヲ」を使えばすむことです——

⑭球技など芝生をいためる行為を禁ずる。

**「リズムと文体」のおさらい**

●文章の「リズム」をよくするには、頭のなかで朗読しながら書くことを勧める。

●文豪たちの「リズムと文体」は、その書き出しに特徴が出ていることが多い。

# おわりに

この本は「作文技術」ということになっていますし、内容もそのとおりなのですが、私としてはそれ以上のものとして考えながら書いてきました。それは、「民族とは何か」とか「コトバとは何か」といった根源的な問題にかかわるからです。

極端なことを考えてみましょう。

中学生のみなさんは、相手が学校の同級生であれ自宅の近所の人たちであれ、ほとんどは日本語で話しあっていますね。それが当たり前のことと思っている生徒が大部分でしょう。

しかし、たとえばアイヌ民族の人々はどうでしょうか。アイヌは日本列島に古くから住んでいた民族です。北海道はもちろんとして、東北地方にはアイヌ語がたくさん残っています。関東や中部地方にも、アイヌ語による解釈ができる地名も少なくないようです。北海道はほんの百数十年前、つまり江戸時代のあと明治にはいってから日本人が大挙して開拓に移住するまでは、アイヌ民族が主たる住民でした。* そこで話されていた言葉は、もちろんアイヌ語です。アイヌ語は、アイヌ社会の絆であり、民族文化の核心でした。

文化とは何か、民族とは何か、といった定義は簡単ではありませんが、その中で最も重要な部分が言葉である点だけは確かでしょう。衣服や建造物などももちろん文化ですが、それぞれの社会で言葉がはたしている役割にくらべたら、重要性の順位はずっとあとになります。仮りに天変地異か戦乱かなにかで、形《かたち》あるものや目にみえるものすべてをある民族が失ったとしましょう。しかしかれらが言葉を失わないかぎり、その民族の文化の核心部は破壊されなかったと言えます。反対に、民族衣装なり伝統工芸なり、形あるもの目にみえるものすべてが保存されているとしても、もし言葉を失ったら、もはや民族文化は化石のようなものになったと極論できると思います。かつて植民地にされた国の民族は、しばしば後者になることを強いられました。

そこでアイヌ民族です。明治元年（一八六八年）ごろから本格的に開始された本州からの移民によって、アイヌ社会は急速な変容をせまられます。アイヌ語の危機です。それがどのように悲惨なものであったかは、たとえばアイヌ民族初の国会議員・萱野茂氏が書かれた『アイヌの碑』（朝日文庫）などに描かれています。

そして今、アイヌ民族数万人の中で、アイヌ語を自由に話せる人、すなわち生きていたアイヌ社会で育てられた人は、ほんの一〇人前後の高齢者だけです。七〇歳代後半の萱野氏は、その中で例外的に若いほうで、ほとんどは九〇歳以上になりました。萱野氏が例外的なのは、幼児のとき祖母に育てられたからです。

アイヌ民族の例をあげたのは、民族文化の核心たる言葉も、本気で守る手段を具体的にとらないと、このような短期間に危機を迎えることを訴えたかったからです。アイヌ語の例は他民族と無縁のものでは決してありません。「日本語も含めて」と強調しておきたいのです。

ただし、「危機」は直ちに「絶望」を意味するものではありません。本気で対処するなら、いったん滅びた言葉を復活することも夢ではない。その実例がヘブライ語です。二〇〇〇年近くも前にローマ帝国に郷土を追われてあちこちに散らばってしまったユダヤ人は、自民族の言葉たるヘブライ語を使う機会が次第に減ったりして、日常口語としては事実上ほろびていました。それが、第二次世界大戦のあと郷土にイスラエルが建国されたことによって、主として旧約聖書のヘブライ語を頼りに公用語として復活させるのです。

イスラエルはいま、アメリカを後盾にした対パレスチナ（アラブ）関係で非常に問題のある国ですが、こと民族語に関しては大いに参考になると思います。民族文化に対する強い誇りと執着がなければ、文化の核心たる言葉を守ったり復活させたりもできますまい。その点、最近の日本の情況にはかなり不安を覚えます。たとえば「英語」に対する情況です。（「英語」も民族語のひとつにすぎませんから、そのことを常に忘れぬよう私はアングル語と呼びます。「英語」のときはこのようにカギカッコをつけて、俗称なり他称なりであることを示すことにしています。）

アングル語は、イギリス（正式にはグレート＝ブリテンおよび北アイルランド連合王国）のうちイングランドを中心に話されている民族語ですが、そもそもはヨーロッパのゲルマン系三民族が、五世紀の中ごろから侵略して原住のケルト民族を駆逐したあと、その三民族のうち最も優勢だったアングル人の言葉「アングル語」を祖先としています。

ずっとのちに、約五〇〇年前から開始された南北アメリカ大陸へのヨーロッパ人侵略者のうち、今のアメリカ合州*国の場合はアングル語が主流となって今日に到りました。合州国の初代大統領にワシントンが就任した一七八九年のころは、その領土はまだ東海岸ぞいのせまい面積でしかなかったのですが、ワシントンは西へ西へ侵略をすすめ、以後の大統領も先住民族に対する苛酷な政策をとって、約一〇〇年後（一八九〇年）のウンデッド＝ニーにおけるスー民族大虐殺で組織的侵略行動を終わります。明治二三年ですから、歴史としてはかなり最近のことですね。この間にさまざまな先住民族がどれほどひどい目にあったかは、人類史上最大の悲劇と言っても過言ではないでしょう。**南米大陸も同様です。

アメリカ合州国はその後も「西進」をつづけ、ハワイ・グアム・フィリピン等を領有してゆきます。第二次大戦後は、特にソ連の衰退もあって武力・経済力とも世界最強となり、今や名実ともに「アメリカ帝国」と呼ばれているとおりですが、ここで強調したいのは、言葉もまたそれに並行していることです。第二次大戦以前の主要国際言語には、アングル語のほかフランス語・スペイン語・中国語・ロシア語などがあり、理科系ではドイツ語も盛んでしたから、私も信州の新制高校三年のときに選択授業でドイツ語を学びました。文科系志望の生徒はフランス語選択が多かったようです。

しかし、アメリカ帝国による武力・経済力支配と並行して、「英語」はその支配力をますます強め、日本の総合大学の入学試験でもアングル語以外で受験する例は激減しています。理科系の学会でもドイツ語はほとんど消えてしまった。ヨーロッパではフランス語がまだかなり国際語の地位を保ち、南米ではスペイン語が圧倒的とはいえ、アングル語の勢いは止まりません。アジアの場合はイギリスの侵略による植民地が多かったことも、アングル語の拡大に好条件でした。

けれども、これは人類にとって良いこととは思われません。ごく単純な意味で、実に不公平だということです。アメリカ人やイギリス人、それにかれらの侵略でできたオーストラリアやニュージーランド等では、人々は当然ながら「生まれながらにして」アングル語で育ちます。私たちが日本語で育つのと同じように。ところが、もしアングル語が〝国際語〟ということになりますと、彼ら即ちアメリカ人やイギリス人などは生まれながらにして〝国際語〟を話すのに対し、私たちはそれを苦労して「勉強」しなければなりません。他民族の言葉を、その民族の人々と対等に話したり書いたりすることは、ある種の語学的天才や趣味人は別として、一般的には非常な難儀だし、時間もかかります。しかし彼らにそんな必要は全くなく、その時間を本来のやりたいことに注ぐことができる。それどころか、単に自民族の言葉が話せるという当然かつ「それだけ」のことで、「英語会話」とかで稼ぐことさえできます。

人類にとってあまりにも不当・不公平・不平等ではありませんか。こんな傾向を、「彼ら」以外の民族は認めてはなりますまい。そのために平等な国際語として考えられた中で、いま最も実用に供されているのがエスペラントです。エスペラントを通じて知り合い、結婚した二人の間の子どもが、まずエスペラントで育った例も聞きます。エスペラントにもヨーロッパ語への偏重があるとはいえ、文法は実に自由で簡単、日本語から援用された部分もあり、これが国際語として発展したらどんなに「人類のため」になるかと思うものです。

さて日本語です。ごく一部ながら、小学校で「英語」を授業にとり入れたところがあるようですね。そこでは当然ながら、コンマの打ちかたも教えるでしょう。でも、考えてみて下さい。日本語の作文にさいし、テンの打ち方を授業で教えている小学校が、あるでしょうか。私の知るかぎり、例外的な先生個人はいざ知らず、正式な学校授業としてはないようです。日本語をこんなに粗末に扱いながら、アングル語を日本の小学生に教えるというのですね。こんなところにも日本語の危機を私は覚えるのです。

近いうち、本書の続篇として「小学生のための作文技術」を考えています。そこではとりわけテンの打ち方に重点がおかれることになりましょう。諸外国での小学生の教科書を参考にしつつ。

## 〈注〉

### はじめに　『作文』とはなにか

6頁＊　「生活語」は藤原与一博士の提唱による。「方言」という言葉は言語帝国主義的「標準語」価値観であり、実は方言こそ真の日本語ともいえよう。この問題は「本多勝一集」第19巻『日本語の作文技術』収録の「何をもって『国語の乱れ』とするのか」で詳述。

7頁＊　六年三学期最後の二カ月たらずだけ私たちを担当した若い代用教員はこうした知識が皆無で、漢字も間違っていた。

8頁＊　この問題は6頁＊と同書収録の「日本語をめぐる『国語』的情況」の諸論考で詳述した。「母国語」と「母語」との決定的な違いにも関連する。

10頁＊　西郷竹彦氏は、文芸学と文芸教育の理論と方法を、教育現場の実践と結びつけながら体系化をめざし、岡山県に文芸教育研究所を設立した。『西郷竹彦文芸教育著作集』（明治図書）がある。

10頁＊＊　「英語」は世界の多くの言語の中での一民族語にすぎず、これを「世界語」とすることは言語による巨大な差別構造を助長し、イギリスやアメリカなどの〝英語国民〟だけに不当な有利・優越情況が生ずる。ドイツ語・フランス語その他と同じく一民族語にすぎぬことを常に銘記すべく、本来の呼称たるアングル語で統一したいが、本書ではそこまで実行しないかわりに、カギカッコつきの「英語」とした。（イングランド語でもよい。）共通語としてはエスペラントがある。

16頁＊　たとえば哲学者の清水幾太郎とか森有正《ありまさ》など。

6頁＊と同書の第一章で詳述。

### 第一章　かかる言葉と受ける言葉

39頁＊　だが、文法は本当に「理屈ではなくて了解」だろうか。もちろん文法はコトバよりあとにできた整理棚にすぎないが、だからこそ文法は逆に「了解ではなくて理屈」ともいえるのではなかろうか。コトバは了解、文法は理屈だと。文法学者としての小泉氏のこの言葉は、文法というものの根幹にかかわる問題ではなかろうか。

## 第二章　かかる言葉の順序

47頁＊　ここでいう「節」は、イギリス語文法でいうクローズに、また「句」は同じくフレーズにほぼ相当するが、厳密な意味では日本語文法と同じではない。日本語文法では、「節」「句」「詞」「辞」などの用語の定義が、たとえば橋本（進吉）文法・山田（孝雄）文法・松下（大三郎）文法・時枝（誠記）文法などによって異なるので、修飾順という目的のためにここではこのように簡略に定義しておいた。すなわち「節」は一個以上の述語を含む複文とし、「句」は述語を含まない文節（文の最小単位＝橋本文法）とする。

54頁＊　第二章の冒頭にあげた例文のなかで、誤解の少ない語順としてⒷとⒸをあげたが、この二例について「長短の原則」を適用してみると、Ⓑ（白い厚手の）よりⒸ（厚手の白い）の方が一音節の差で「より良い」（ベター）であろう。たとえば「白い」を「紫色の」と変えてみると、こんどは三音節の差でⒷ（紫色の厚手の）がベターとなろう。

65頁＊　この問題の指摘が林暢夫氏によることは、原著『日本語の作文技術』（本多勝一集・第19巻＝朝日新聞社）でふれたが、よりくわしくは月刊誌『言語』一九七七年四月号の本多勝一「日本語の作文技術をめぐって」で紹介した。

## 第三章　テンやマルのうちかた

91頁＊　日本放送協会編『ことばの研究室Ⅳ・正しい表現』（一九五四年）の「文脈の誤り」で永野賢氏が挙げた例文から引用。

94頁＊　「本多勝一集」第18巻『ジャーナリスト』に収録の「むのたけじ氏への手紙」参照。

116頁＊　この二大原則のうち、第一原則には「重文」における境界のテンも含まれ、また第二原則には倒置文（述語が先にくる）のテンも含まれる。これについての詳細な検討は原書『日本語の作文技術』第四章2節「テン（読点）のうちかた」参照。また同章4節で、さまざまな実例を示して原則を応用している。

## 第四章　漢字の使いかた

127頁＊　現在の「常用漢字」は一九八一年の国語審議会答申によるが、それ以前の「当用漢字」では「昆」

がなかった。したがって原書の『日本語の作文技術』初版が出た一九七六年当時も新聞などでは「こん虫」と表記されていた。

133頁＊　それぞれの言語をローマ字表記するとき、その表現はそれぞれの言語内での約束に従っているので、他の言語のローマ字とは発音が違ってくる。この点についてのさらに詳細な説明は原書参照。

## 第五章　助詞の使いかた

139頁＊　日本語に主語は不要なばかりか、英語の主語さえ「もともとはなかった」と詳細に分析している本として金谷武洋『英語にも主語はなかった』（講談社選書メチエ）がある。

140頁＊　これは三上章『続・現代語法序説』（くろしお出版・一九七二）での例文「甲ガ乙ニ丙ヲ紹介シタ」から借用している。

142頁＊　この表記法は川本茂雄『ことばとこころ』（岩波新書・一九七六）からの応用。

149頁＊　「ハ」が三つ以上であればどうなるかについては原書『日本語の作文技術』で詳細に検討したが、対照を明確に示す場合以外は、ひとつの文（または句）の中で三つ以上のハをなるべく使わない（二つまでとする）のが、原則とまでは言えないにせよ「より良い」という結論であった。

164頁＊　接続助詞の「が」の用法について、国立国語研究所報告3『現代語の助詞・助動詞』（永野賢氏担当）は、逆接用法のほかに次の三つをあげている。

①二つの事がらをならべあげる際の、つなぎの役目をする。共存または時間的推移。

〈例〉男は驚いて、顔を退いたが、「馬鹿！　見損なったらいけない」ぴしゃりと娘の片頰を打った（『主婦之友』一九五〇年一月号四八ページ）

②題目・場面などを持ち出し、その題目についての、またはその場合における事がらの叙述に接続する。そのほか、種々の前おきを表現するのに用いる。

〈例〉神西清の〝ハビアン説法〟は、苦心推敲の作品であるが、読者のいつわらざる感想が聞きたい。（『朝日評論』一九五〇年一月号六ページ）

③補充的説明の添加。

〈例〉……吹雪や風塵――これが関東地方で春のはじめによく起こるものであるが――も電荷をもつ微粒子が運動するものだから……（『科学朝日』一九四九

年五月号三六ページ）

## 第八章　リズムと文体

222頁＊　ここの引用は各種の文学全集からそのまま収録したために、カナ使いは筆者の書いたままのものもあれば、新カナに改められたものもある。ただしルビは必ずしも原文のままではない。

228頁＊　ただ、文章のプロとしての「文豪」には、定石を無視した言葉づかいによっても他の点で読者をひきつける内容の作品を創りだす例があるから、文豪が必ずしも「わかりやすい文章」の手本になるとは限らない。

231頁＊　沼正三氏の小説『家畜人ヤプー』をもじったもの。

231頁＊＊　第二章の一節「句より節を先に」と二節「長い順に」を参照。

233頁＊　第二章の四節「なじみ具合」を参照。

233頁＊＊　第四章参照。

235頁＊　第五章の一節「象は鼻が長い」と二節「蛙は腹には臍《へそ》がない」を参照。

## おわりに

237頁＊　くわしくは朝日文庫または「本多勝一集」第26巻の『アイヌ民族』参照。

240頁＊　アメリカ合州国としたのは、The United States of America をそのまま訳せばこうなるからです。State は「州」であって「衆」ではない。「合衆国」は中国語からの輸入が語源らしく、これについては単行本『アメリカ合州国』の付録に、近代訳語の専門家による検討結果を加えてあります。したがって「州」でも「衆」でもよく、私としてはアメリカの実情を反映する「州」を選びました。

240頁＊＊　アメリカ先住民族（インディアン）のこの悲惨な歴史については、藤永茂『アメリカ・インディアン悲史』（朝日選書）に詳しい。

本多勝一（ほんだ・かついち）
1931年,信州・伊那谷生まれ。『朝日新聞』編集委員を経て，現在『週刊金曜日』編集委員。主な著書に『日本語の作文技術』『実戦・日本語の作文技術』(朝日文庫),『旅立ちの記』『極限の民族』『ジャーナリスト』『調べる・聞く・書く』『北洋独航船』『山登りは道草くいながら』『アムンセンとスコット』『ドイツ民主共和国』『ソビエト最後の日々』『非常事態のイラクを行く』『「真珠湾」からイラクまで』『石原慎太郎の人生』(以上,朝日新聞社),『大江健三郎の人生』(毎日新聞社）など

朝日選書 762

中学生からの作文技術

2004年 10月25日　第1刷発行
2006年　2月28日　第5刷発行

著者　本多勝一

発行者　五十嵐文生

発行所　朝日新聞社
〒104-8011　東京都中央区築地5-3-2
電話・03(3545)0131（代）
編集・書籍編集部　販売・出版販売部
振替・00190-0-155414

印刷所　大日本印刷


ISBN4-02-259862-X
定価はカバーに表示してあります。